JN409869

그립습니다

그때를 아십니까
그립습니다
권명순 산문집
북랜드

서문

2012년 12월 27일 청력도 시력도 언어도 희미해진 내 어머니,
84세의 연세로 소천하셨다.
곁에 조금 더 머물러 주실 줄 알았는데
이렇게 떠나시니 아프고 안타깝다.
어머니란 이름은 희생과 헌신과 끝없는 사랑이다.
어렵고 힘들었던 유년이지만 어머니와 함께했던 고향은
따스하고 아름답다.
나도 훗날 생을 마감하고 어머니 만나는 여정에
오를 것이다.
어머니 날 기억해 주실까?
망각의 강 건너며 우리와 함께했던
즐겁고, 행복하고
아프고, 힘들었던
순간 순간들
하얗게 잊으셨으면,
날 알아보지 못하시면
또 내 어머니 내가 알아보지 못하면 어찌 하나……
"어머니 아프고 슬펐던 기억은 망각의 강에 던지시고
행복한 순간들은 곱게 기억해 주세요."
안타까이 소원하며 어머니와 함께했던
아련한 기억 속 고향으로 달려갑니다.

차례

양은도시락

사, 오, 육학년 학생들은 도시락을 싸가지고 학교에 갔다. 어머니는 도시락 반찬으로 김치를 싸주셨다. 양은 도시락에 밥을 넣고 한쪽 끝의 반찬통에 김치를 담고 도시락 위에 젓가락을 올려 뚜껑을 닫아주셨다.

정사각형 조그만 보자기에 도시락을 대각선으로 묶어 가방에 넣고 학교에 갔다. 가방을 풀어 도시락을 책상 안에 넣으려고 하면 김칫국물이 배어나와 보자기를 발갛게 물들이고 국어책, 도덕책 끝에 김칫국물이 배어 책 끝이 두꺼워졌고 책을 넘길 때마다 김치 냄새가 풍겼다.

옆의 짝꿍 국어, 도덕책 끝도 불그스름한 김칫국물이 들어 있다. 염소 똥 같은 까만 콩자반도 싸 주셨는데, 콩자반은 국물이 흐르지 않아 좋았지만 밥이 잘 넘어가지 않았다. 김칫국물 흐르는 것을 투덜댔다. 어머니는 우윳빛이 나는 하얀 플라스틱 통에 반찬을 따로 싸 주시기도 하고 커피를 다 먹고 난 유리병을 얻어와 싸 주시기도 했는데, 커피 병 뚜껑은 철로 되어 있어 시간이 흐르면 녹이 슬어 나빴다.

도시락을 먹으려고 뚜껑을 열었을 때 도시락 위에 젓가락이 없으면 난감했다.

양은도시락 밥을 다 긁어먹고 구석에 놓여진 반찬통을 들어내면 반찬통 밑에 밥이 깔려 있는데 보너스로 먹는 기분이었다.

도시락을 가져 가지 못한 날은 없었다.

어느 날 어머니는 술빵을 쪄서 도시락에 넣어 주셨다. 크림이나 잼을 바르지 않은 투박한 빵이지만 맛있었다. 지금 거리에서 파는 커다란 술빵, 어머니를 기억하며 행복하게 먹어 보지만 어머니 맛이 나질 않는다.

어머니표 빵은 밀가루에 이스트와 인공감미료, 막걸리를 넣어 반죽한 후 아랫목에 하루 정도 두면 반죽이 부풀어 두서너 배가 되었다. 어머니는 주걱으로 저어 공기 구멍을 빼고는 커다란 찜통에 하얀 삼베 천을 깔고 둥글게 몇 덩어리 떼어 얹어 찌셨다.

아무것도 들어가지 않고 인공 감미료로 단맛을 낸 빵이지만 밀 냄새가 구수하게 나면서 맛있었다.

제과점 빵은 각양각색의 크기와 모양으로 시각과 미각, 후각을 자극하지만 열량도 많고 단맛이 강해 금방 질려 버린다. 어머니표 술빵은 아무리 먹어도 질리지 않았는데……

나라에서 혼분식 장려운동을 했다. 그래서 하얀 쌀밥을 싸 온 사람은 벌을 받았다. 점심시간에 선생님이 도시락의 뚜껑을 열게 하고 도시락 검사를 하였다. 나는 보리쌀이 제법 섞인 도시락을 가져갔는데 반장과 부반장은 하얀 쌀밥 위에 꺼먼 보리쌀을 듬성듬성 심어 와 아슬아슬 선생님의 검사를 통과했다. 그 아이들은 점심을 먹을 때 도시락 뚜껑에 심어놓은 보리쌀을 콕콕 뽑아 버렸다. 보리쌀이 적은 아이들은 보리쌀이 많이 섞인 친구의 보리쌀을 얻으러 다녔고 도시락 위에 심었다.

일부러 도시락 밑바닥에 보리쌀을 얇게 깔고 도시락을 싸 가지고 온 친구들도 있었는데, 검사시간에 도시락을 뒤집어 검사를 통과했다.

추운 겨울 교실 한가운데 조개탄으로 난로를 피워 난방을 했다. 난로 위에 양은도시락을 쌓아 위아래 도시락을 바꾸어 가며 따뜻한 점심밥을 먹게 한, 진심으로 학생들을 사랑하는 선생님도 계셨다.

오랫동안 밑에 깔려 있던 도시락은 누룽지도 생겼고, 반만 먹은 밥에 반찬을 모두 넣고 흔들어 멋들어진 비빔밥도 만들었다.

옛추억의 그림자를 밟으려고 숭신초등학교를 찾아가 보았다. 와글와글 맛있게 도시락 나눠 먹던 그 친구들 지금 어디서 무엇을 하며 살아가고 있을까?

친구와 신나게 뛰어 놀고 어머니가 "저녁 먹어라" 부르면 집으로 달려갔던 어린 시절은 예쁜 동화다. 겨울 교실 난로에 차곡이 쌓아 놓고 따뜻하게 먹었던 노란 양은도시락만큼 맛있는 음식이 있을까! 옆의 짝 반찬은 또 어찌나 맛있었는지…….

거친 도시락 밥과 짜게 남근 김치를 먹었지만 우리들은 큰 나무로 무럭무럭 자랐다.

5월 5일 단오

단오가 다가오면 종로구 숭인동 동묘 앞에는 줄그네가 놓이기 시작한다. 채색 헝겊을 감은 기다란 통나무를 양쪽에 세우고 그 위에 통나무를 가로질러 묶은 다음 그넷줄을 맨다.

숭신초등학교 정문 앞에는 적십자 보육원 후문이 있고 보육원 정문 앞에는 동묘가 있다. 동묘는 보물 제142호로 정식 명칭은 동관왕묘이며 한말에는 관제묘라고도 불렀다. 임진왜란 때 관우의 영령이 왜병을 격퇴시켰다 하여 명나라 장수들의 요구로 1602년에 창건되었다. 관우를 일종의 호국신으로 섬기는 사당이라 한다.

동묘 담벼락 끝에 자그마한 파출소가 있고 그 옆에는 시멘트로

지어진 공동변소가 있다.

학교를 오가다 보면 동묘 담벼락 변소 옆은 쓰레기를 모아놓는 쓰레기장으로 지저분하고 냄새가 났는데, 어느 날부터 쓰레기가 치워져 깨끗해지면 단오가 다가오는 것이다.

동묘는 평상시 문이 굳게 잠겨 있는데, 단오가 다가오면 며칠씩 문을 개방했다. 동묘 안 담벽 밑에는 풀들이 자라고 있는데, 사람들의 출입이 통제되었던 곳이라 깨끗한 쑥을 제법 뜯을 수 있었다. 뜯어 온 쑥으로 된장국을 끓여 먹고 쌀가루를 묻혀 쑥 버

무리를 하여 먹었다.

동묘 정문 앞에 놓여있는 줄그네뛰기 대회, 추천 뛴다고도 했는데 몇 가지 종목이 있었다. 높이뛰기, 방울차기, 쌍그네뛰기 등이며 상품까지 걸려 있어 젊은 사람들이 많이 모여 성황을 이뤘다.

하늘 높이 달아놓은 방울 소리가 딸랑거리면 탄성을 지르고 박수를 쳐주었다. 두 사람이 발을 엇갈리게 딛고 쌍그네를 타는데, 무게가 더 무거워서인지 쌍그네는 높이 올랐고 박진감과 긴장감이 있었다. 방울을 울린 사람을 뽑아 단옷날 결승전을 하여 우승자를 가렸다.

그네뛰기는 조선시대에 들어와서는 민간에서 성행되어 여성의 놀이로는 가장 큰 놀이다. 그러나 20세기 초부터 시대의 변천으로 점차 쇠퇴하기 시작하여, 1937년 중일전쟁 이후 일제가 전

쟁 수행상 국가총동원을 하는 때에 그네뛰기 대회와 같은 한가한 민속놀이를 금한다 하여 일체 그네뛰기를 금지하여 중단되어 버렸다. 그러다 1945년 8·15 해방 이듬해부터 오월 단오절을 기하여 전국 도처에서 그네뛰기가 부활되었는데, 동묘 앞에서 이 놀이가 행해졌나.

약장수가 와서 뱀쇼를 하고 아기 발만 한 전족의 중국여자가 화장을 짙게 하고 뒤뚱거리며 만병통치약을 팔았는데, 중간중간에 "아이들은 가라"고 소리를 쳤다. 별 구경거리가 없었던 아이들은 턱을 받치며 죽치고 앉아 하루종일 구경을 했고, 아무리 떠들며 약을 팔아 보았자 아이들은 살 리가 없기에 "아이들은 가라, 아이들은 가라"고 중간에 아이들을 쫓은 것인지 중간에 할 이야기가 없어 한 박자 쉬느라 "아이들은 가라"고 한 것인지는 알 수 없었다. 만병통치약으로 파는 약이 정말로 만 가지 병을 고치는지는 더 더욱 알 수 없었다.

단옷날은 술빵을 파는 사람, 아이스께끼 파는 사람, 좀 이르게 냉차 파는 사람, 부채 파는 사람, 참 많은 장사꾼들이 모여들었고, 가족 단위로 몰려나와 북적대는 활기찬 동네 축제였다. 나도 가족과 동묘로 나가 동네 축제를 즐겼다.

이제 그곳을 떠난 지 몇 십 년, 숭인동에 있는 동묘를 찾아보니 아아! 내 기억 속 대궐 같던 동묘가 그렇게 작고 아담할 줄이야!

그곳에서 쑥을 뜯었다는 게 의심이 갈 정도로 기억 속 넓었던 풀밭과 나무그늘은 시골 작은 집 앞마당이다.

지금 동묘 길 건너편 동묘역은 옛날 동대문주산학원과 옆 건물에 권투도장이 있었던 곳을 헐어 지어진 곳이다. 그곳에 횡단보도가 있었고 횡단보도에서 학생들이 변을 당한 일이 자주 있어 육교가 놓여졌는데, 겨울에 눈이 많이 쌓이면 고무신으로 통학하는 학생들은 미끄러워 손잡이를 잡고 벌벌 떨며 건너 다녔다.

동묘 담벼락 밑 파출소와 공동변소, 쓰레기장이었던 곳은 모두 헐려 추억 속으로 사라지고 이제는 추억을 사고 정을 파는 벼룩시장이 되었다. 한때 누군가의 행복이었던 물건들이 새로운 주인을 만나 팔려가고 묵은 먼지 밑에 숨어버렸다. 오랜 옛날의 아련한 기억들을 떠올리며 그리운 향수에 젖는다.

흰 모자

운동회는 마을 축제다. 운동장에 만국기가 내걸리고 하얀 석회 가루로 반듯하게 운동장에 여러 개의 선이 그어졌다. 달리기, 줄다리기, 손님석으로 뛰어가 어머니 또는 손님 손을 잡고 나와 뜀박질을 하고 커다란 소쿠리 2개를 붙여 겉 표면을 창호지로 바른 청색과 흰색 박통을 장대에 높이 매달아 놓고 헝겊 주머니에 모래를 넣어 꿰맨 조그만 헝겊 주머니를 던져 박통을 깨면 오색의 색종이가 쏟아지며 축하글이 씌어진 긴 헝겊이 펼쳐졌다.

운동회는 청군과 백군으로 나뉘어져 하는데, 청색과 백색의 커다란 공을 릴레이로 굴리는 시합이 벌어지면 청색 모자를 쓴 청군과 백색 모자를 쓴 백군 팀에서는 힘껏 응원을 했고, 운동회 전

매일 연습한 응원가를 목이 터져라 불렀다. 한동안 같은 학교를 다니는 동네 아이들은 청군과 백군으로 나뉘어 놀았다. 제가 잘났다며 말싸움도 했다.

2학년 때 나는 백군이었다. 어머니가 처음으로 사준 백색 모자를 쓰고 아침 일찍 학교에 갔다. 하늘은 에메랄드색으로 드높고 만국기 걸린 운동장은 벌써 많은 학생들이 뛰어놀고 있었다. 흰 모자를 쓴 내가 너무 멋진 것 같아 새모자를 뽐내려고 운동장을 몇 바퀴 돌다 물을 마시러 수돗가로 갔다.

그땐 주전자에 수돗물을 떠와 교실 뒤 교탁에 놓아두면 목마른 친구들이 컵에 따라 마셨다. 수돗가에서는 수도에 입을 대고 벌컥벌컥 수돗물을 그대로 마시기도 했다.

물 마시러 온 여러 명의 아이들은 순서를 기다렸다. 내 순서가 되자 머리를 옆으로 젖히고 무릎을 굽혀 수도꼭지에 입을 대고 한 모금 마시려는데 흰 모자를 누군가 휙 벗겼다. 놀라 일어나니 수돗가에는 청색과 흰색의 모자를 쓴 아이들투성이고 누가 내 모자를 벗겼는지, 내 모자가 어디로 갔는지 알 수 없었다. 가슴이 벌벌 떨리고 어떻게 찾아야 하나 앞이 캄캄했다. 새로 사 아직 이름도 쓰지 않은 모자라 찾을 수 없을 것이라 생각하니 안타까웠다.

아이들이 쓴 깨끗한 흰 모자는 모두 내 것 같았고 흰 모자 쓴 아이들이 모두 도둑으로 보였다. 집에 가서 어머니께 야단맞을 생각을 하니 걱정에 땅이 꺼지고 운동회가 즐겁지 않았다.

키도 작고 몸집도 작지만 매일 동네를 싸돌아다니며 고무줄 뛰기, 줄넘기 뛰기로 단련된 악바리 근성의 나는 다른 친구 모자를 빌려 쓰고 일등을 했고 국어 공책 두 권을 상으로 받았다.

엄마 죽는다

비좁은 방에 여섯 명의 아이들이 뛰놀면 어머니는 "구들 꺼진다" 하고 야단치며 밖에 나가 놀라고 우리들을 밀어냈다. 간식거리 없는 나는 곧잘 생쌀을 입에 넣고 씹어 먹었다. 오래 씹으면 침과 섞여 단맛이 났다. 어머니는 "먹지 말아라" 말리며 "생쌀 먹으면 엄마 죽는다"고 심각한 표정으로 엄포를 주셨다.

밤에 손톱 깎으면 엄마 죽는다, 바지 한쪽 가랑이는 바로, 한쪽 가랑이는 뒤집어 벗어 놓으면 엄마 죽는다, 문지방 밟으면 엄마 죽는다 하며, 고쳐야 할 것이나 하지 말아야 할 것은 엄마 죽는다로 스스로 우리들 행동을 통제하고 고쳐 나가게 했다.

엄마 죽는다는 말은 우리 형제에게 꾸중보다, 회초리보다 무섭고 두려운 벌이었다. 학교 갔다 돌아와 엄마가 없으면, 친구들과 싸워 속상할 때는, 밥은, 빨래는, 학교 준비물은, 형제들과 다툴 때는, 친구들이 엄마 없다 놀리면……

언니가 동생을 돌보고 또 동생은 밑에 동생을 돌보게 하며 우리를 반듯하게 키운 지혜로운 어머니표 훈육 방법이다. 어린 형제들 남겨놓고 엄마가 사라진다면 어떻게 살아가야 할지를 생각하며, 하지 말아야 할 행동은 스스로 자제하며 자랐다.

손을 만세 부르고 자면 엄마 죽는다 하여 두 손을 깍지 껴 배 위에 올려놓고 잠들었고, 잠결에 두 손이 머리 위로 올라갈까 걱정했다. 이빨 갈면 엄마 죽는다 하여 혹 잠결에 다른 형제들이 이 가는 소리를 내면 번뜩 깨어 이 가는 형제를 흔들었다.

엄마 죽을까 봐.

청개구리

옛날에 옛날에 청개구리가
엄마 말 아니 듣는 청개구리가
물가로 가라 하면 산으로 가고
산으로 가라 하면 물가로 가고
엄마가 엄마가 죽을 임시에
청개구리 불러놓고 눈물 흘리며
내가 내가 죽거든 물가에 묻고
너희들 행복하게 잘살아라

어머니는 저녁에 옛날이야기를 곧잘 해주셨다. 특히 말 안 듣고 엄마 속을 썩이는 청개구리 이야기를 자주 들려주었고, 슬프게 아주 슬프게 청개구리 노래도 불러주셨다.

나는 교회를 다니지 않았지만 하나님께 '우리 엄마 오래오래 천년만년 살게 해 달라' 며 이불 속에서 빌고 또 빌었고, 엄마 말씀 잘 듣고 싸우지 않는 착한 사람 되겠다고 굳게 마음먹었다.

어제 한 내 결심은 다음 날 여지없이 무너지고 언니보다, 동생보다 더 많이 차지하려고 싸웠고 또다시 이불 속에서 엄마 속 썩이지 않겠다며 하나님께 맹세하고 기도했다.

어머니에게 재미있다며 또 "또 해줘" 졸랐던 옛 이야기가 떠오르면 길을 가다 정신 줄 놓은 사람마냥 큰소리로 웃는다.

끝순이 집에 손님이 왔다. 끝순이 엄마는 밥상을 손님 앞에 조용히 놓으려고 하다 그만 힘이 들어가 방귀를 뀌었고, 민망한 끝순이 엄마는 옆에 있는 끝순이를 발로 차며

"야야, 니는 와 손님 밥상 앞에서 방구를 끼노?"

눈치 없는 끝순이는 "엄마 지가 끼 놓고 와 나한테 꼈다 카노."

끝순이 엄마는 손님이 가고 나서 끝순이에게 엄마를 부끄럽게 했다고 핀잔을 주었고, 다시 손님이 오자 엄마를 도와주고 싶었던 끝순이는 "엄마 빨리 방구 끼라. 내가 꼈다 할게." 또 한 번 엄마를 창피하게 했다.

우리는 귀를 쫑긋 세워 어머니 이야기를 재미있게 들으며 팔을 입에 갖다 대고 "부르릉 부르릉" 입방귀 소리를 내면서 깔깔거리고 다시 해 달라 졸랐다. 어머니는 토씨 하나 빠뜨리지 않고 처음부터 느릿느릿 그 이야기를 빠짐없이 또 해주셨다.

TV가 없던 시절 어머니에게 들으며 잠 들었던 옛이야기는 꿈을 키우고 상상의 나래를 펼치게 하며 안정된 정서와 즐거움을 주었다.

어머니는 태풍에도 흔들림 없이 강하셨다. 자신은 돌보지 않고 그저 자식들 돌보며 불가능할 것 같은 일도 척척 해 내셨고 가이없는 사랑을 주셨다.

치매로 인해 가이 없는 사랑 주실 수 없었던 어머니, 이젠 곁에 없는 어머니, 오늘밤 그 어머니 생각에 가슴이 먹먹해지며 빼근하게 저려온다.

쌀집 할머니는 마귀할머니

쌀가게에 가면 작고 안경 쓴, 단정하게 머리를 쪽진 할머니가 계셨다. 쌀, 보리, 콩, 좁쌀, 찹쌀 등을 사러 온 손님이 있으면 '아범아'를 소리쳐 불렀고 아저씨는 됫박에 쌀을 수북이 얹고 밀대로 위에 쌓인 쌀을 밀어내 한 되, 두 되 또는 한 홉, 두 홉 봉지 쌀을 팔았다. 어쩌다 말로 쌀을 사가는 사람도 있었다.

동네 골목은 아이들 놀기엔 좁았다. 동네 가운데 큰 마당은 벌써 큰 아이들이 몰려 나와 차지해 버려 작은 아이들은 그래도 조금 넓은 쌀가게 앞에 모여 놀았다. 할머니는 "물레, 물레" 소리를 지르며 손을 저어, 놀고 있는 아이들을 쫓아냈다. 흩어졌던 아이들은 또다시 쌀가게 앞에 고무줄을 매어 놓고 뛰어 놀았다.

몇 번씩 손을 저으며 쫓고 쫓기를 하였고 아이들에게 약이 오른 할머니는 비장의 무기, 커다란 박 바가지에 물을 가득 떠와 물을 뿌리며 아이들을 쫓아냈다.

놀이공간을 잃어버린 아이들은 못내 아쉬웠고, 쌀가게 앞을 지나 조금 더 들어간 골목에서 뛰어 놀았다. 노래 부르는 장단에 맞추어 고무줄을 뛰고 줄넘기를 넘었다.

아이들의 왁자한 소리가 할머니네 쌀가게에 들리지 않을 리 없었다. 그러면 할머니는 박 바가지를 그곳까지 들고 와 물을 뿌렸다. 아이들은 그런 할머니가 미웠다. 언제부턴가 몇 명씩 어깨동

무 놀이를 할 때면 "어깨동무 내 동무, 미나리 밭에 앉아라" 하며 노래에 맞추어 앉았다 일어났다.

아이들 숫자가 많을수록 소리도 컸고 흥겨웠다.

1절은 즐거웠지만 2절은 신났다. "쌀집 앞에는 가지 말아라, 쌀집 할머니는 마귀할머니"

동네를 쏘다니면서 마귀할머니 놀이를 했고 할머니를 보면 지은 죄가 있기에 슬금슬금 피했다. 쌀집 할머니 놀이를 많이 한 날은 쌀집 할머니가 하얀 머리를 풀고 무서운 얼굴로 꿈에 나타났다.

어머니께 꿈에 할머니가 죽었는데 너무 무섭다 하면 어머니는

빙그레 웃으시며 "쌀집에 한번 가 보아라, 할머니 살아 있는지 죽었는지……", 확인하러 쌀가게에 가면 할머니가 단정하게 앉아 계셨다.

어느 날 쌀가게 아저씨가 하얀 천으로 만든 높은 모자와 하얀 윗도리, 바지를 입고, 발목은 하얀 천으로 묶고 짚신을 신고 있었다. 아주머니와 아이들은 하얀 동정을 단 까만 한복과 짚신을 신고 분주했다.

며칠 동안 쌀가게 문이 닫혔다. 오랜만에 쌀가게 문이 열렸지만 할머니는 보이지 않았고, 할머니의 "물레 물레" 소리도 들을 수 없었다. 친구들 사이에서도 쌀집 할머니는 마귀할머니 노래가 시들해지며 점점 부르지 않았다. 할머니의 "물레 물레" 소리가 크면 클수록 더 신나고 재미있었는데…….

할머니 "물레 물레" 소리 다시 한 번 듣고 싶어요.

할머니 명복을 빕니다.

동동구리무 장수

등에 커다란 북을 지고 손에 하모니카를 들고 북 두드리는 채를 길게 늘어뜨려 다리에 매달고 다리를 앞으로 힘껏 차면 북채가 북을 때려 둥둥 소리를 냈고, 입으로 하모니카를 불면서 동동구리무 장수가 동네에 들어왔다.

동네 아주머니들은 동동구리무 장수에게 미리 아이들 나쁜 버릇을 말해주며 야단쳐 달라고 부탁을 했고, 동동구리무 아저씨는 눈을 부라리며 험상궂은 얼굴로 부탁받은 아이들을 무섭게 야단쳤다. 요즘 식당에서 떠드는 아이에게 주의를 주거나, 신발을 신고 의자를 밟으며 짓궂게 장난하는 전철 속 아이에게 꾸중을 하면 눈꼬리를 치켜세우거나 모른 체하는 어머니들과는 달랐다.

동동구리무 장수 아저씨는 호랑이고, 염라대왕 아저씨였다. 나도 언젠가 동동구리무 아저씨에게 동생과 얼굴에 손톱 자국을 내며 싸웠다고 엄청 혼이 났다. 둥둥둥 북소리가 울리며 아저씨가 동네에 들어서면 가슴이 벌렁벌렁 거려 골목 안으로 뛰어 들어가 조용히 숨어 있다 둥둥둥 북소리가, 하모니카 소리가 멀어지면 나와 놀곤 했다.

지금은 백화점이나 마트에 가면 알록달록 각양각색의 예쁜 화장품을 피부에 맞게 골라 사지만 그땐 구리무 아저씨의 커다란 통에서 조그만 용기에 덜어 파는 구리무를 샀다.

겨울에 날씨가 추워 제대로 씻지 못하고 크림을 바르지 않은 손은 갈라지고 터졌고 물속에 손을 넣으면 몸서리 쳐질 만큼 쓰리고 아팠다.

피임 방법을 몰랐던 시대라 생기는 대로 낳았고, 남아선호 사상으로, 대를 이어야 할 아들 욕심으로 낳고 또 낳았다. 한 집에 대여섯 명의 아이들 손등은 갈라지고 거칠었다.

많은 아이들 통제가 어려웠던 어머니들은 동동구리무 장수를 이용하는 지혜를 발휘했고, 동네 아이들은 그런 동동구리무 아저씨를 아주 무서워했다.

어머니는 망태 할아버지 허상을 만들어 겁을 주었는데, 망태기를 어깨에 둘러멘 할아버지가 엄마 말 안 듣고 말썽부리며 형제끼리 싸우는 아이들을 긴 집게로 집어 망태기에 넣어다 아주 먼 곳에, 엄마를 찾을 수 없는 곳에 버린다 하셨다.

나는 긴 막대기로 아이를 망태기에 집어넣는 할아버지를 본 일이 없지만 망태 할아버지하고 어머니가 겁먹은 소리를 내며 손으로 대문을 가리키면 무서워서 발발 떨었다. 바지 입고 오줌을 싸기도 했다.

유언

어머니가 어렸을 때 배앓이에 좋다며 담배를 피웠다 하신다. 배가 아프면 약으로 담배를 피웠고, 그것이 습관이 되어 담배를 끊지 못한 어머니는 습관처럼 담배를 피우셨고 기관지 천식에 걸리셨다. "그르렁 그르렁" 가래 끓는 소리를 내며 심하게 기침을 하는 어머니, 여름만 되면 기관지 천식으로 앓아누웠다. 기관지 천식이 심해져 동대문에 있는 이대부속병원에 입원하기도 했지만 어린 자식들 걱정, 병원비 걱정으로 퇴원을 하여 집에서 "그르렁 그르렁" 가래 끓는 소리, "콜록 콜록" 기침 소리, 깡통에 가래 뱉아내며 숨 넘어 가는 소리로 하여 유년 시절 여름은 어둡고 아팠다.

큰언니는 3학년 어린 나이에 빨래며 밥을 하고 동생들 돌보는 가장 아닌 가장이 되었다. 앞집에 사는 작은아버지를 불러 막내 남동생만 맡아 달라고 애원을 하며 우리에게는 "흩어지지 말고 꼭 모여서 살아라." 어느 집에는 얼마 줄 것이 있고, 어느 집에는 얼마 받을 것이 있다 우리에게 유언을 하셨다. 작은아버지는 우리 집을 들락거리며 아이들 돌봐 줄 수는 있어도 남동생 맡아 키울 수는 없다 거절했고, 마장동 사시는 당신 오라버니를 모셔 오라 하여 외삼촌 집에 갔다.

아버지는 어머니로 인해 어두운 우리에게 운동화를 사 주셨다. 나는 아끼던 빨간 운동화를 신고 외삼촌 집을 찾아갔다. 마장동 대성연탄공장 앞은 장마로 불어난 뉼이 빠지시 않아 물이 허벅지까지 찼다. 치마를 둘둘 말아 팬티 속에 넣고 빨간 운동화를 벗어 두 손에 들고 맨발로 시커먼 물을 밟으며 공장 앞을 지나다 발밑에 심한 통증을 느꼈다. 지대가 약간 높은 외삼촌 집에 도착해 어머니 소식을 알리자 외삼촌이 밖으로 나왔다. 외삼촌을 따라 맨발로 걷는 내 뒤로 빨간 피 도장이 보도블록에 찍히며 나를 따라왔다. 녹슨 못에 발바닥을 찔린 것이다. 몇 날 며칠 발바닥이 아팠지만 어머니가 많이 아프니 내 아프다 하지 못하고 끙끙 앓았다. 의료사고로 병원을 못 나가고 있었던 같은 반 김재민 아버지가 아침 저녁으로 어머니를 찾아와 치료를 해 주었다.

어머니 병이 차츰 호전되자 발이 아프다고 어머니께 발바닥을 보여 주었다. 놀란 어머니는 빨리 약국에 가 약을 사오라 하였다. 통통 부은 발바닥은 열이 나고 상처자국이 깊었다.

창신동 입구에 있는 성원당 약국 아저씨는 나를 반짝 안아 약이 진열되어 있는 약장 위에 앉혀 놓고 혀를 차며 소독약을 듬뿍 솜에 묻혀 발바닥을 닦아 내고 또 닦아내 소독을 해 주셨다. 너무 아파 눈물이 찔끔찔끔 나왔다. 큰소리로 비명을 지르면 치료해 주는 아저씨가 미안할까 손으로 입을 막으며 신음소리를 냈다. 아저씨는 연고도 듬뿍 발라 반창고를 붙여 주며 "돈은 필요 없으니 매일 오라." 하였다. 초라한 모습에 치료도 제대로 받지 않은 내가 측은했던 모양이다. 돈을 내라 하면 다시 오지 않아 상처가 덧날 것을 알고 있기에…….

오랜 시간이 지나 약국 아저씨 신세를 갚으려고 찾았을 때 성원당약국은 온데간데없어지고 그 자리엔 편의점이 자리 잡고 있었다.

지금은 주상복합 아파트가 옛 기억을 삼키며 우뚝 솟아있고, 내 오른쪽 발바닥은 깊게 패인 흉터가 감사했던 아저씨를 기억하며 자리 잡고 있다.

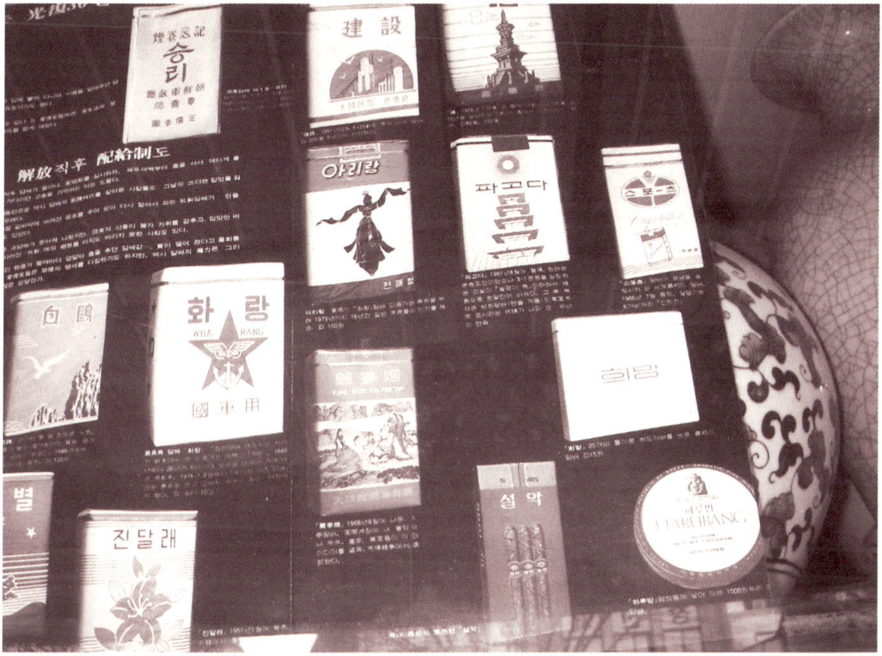
승리
建設
解放직후 配給制도
아리랑
파고다
白鷗
화랑
WHA RANG
國軍用
희망
별
진달래
설악
HARUBANG

비사표
아리랑
U N
BEST SAFETY MATCHES
삼학표
낙타표
家庭德用
最優良品
비사표
아리랑

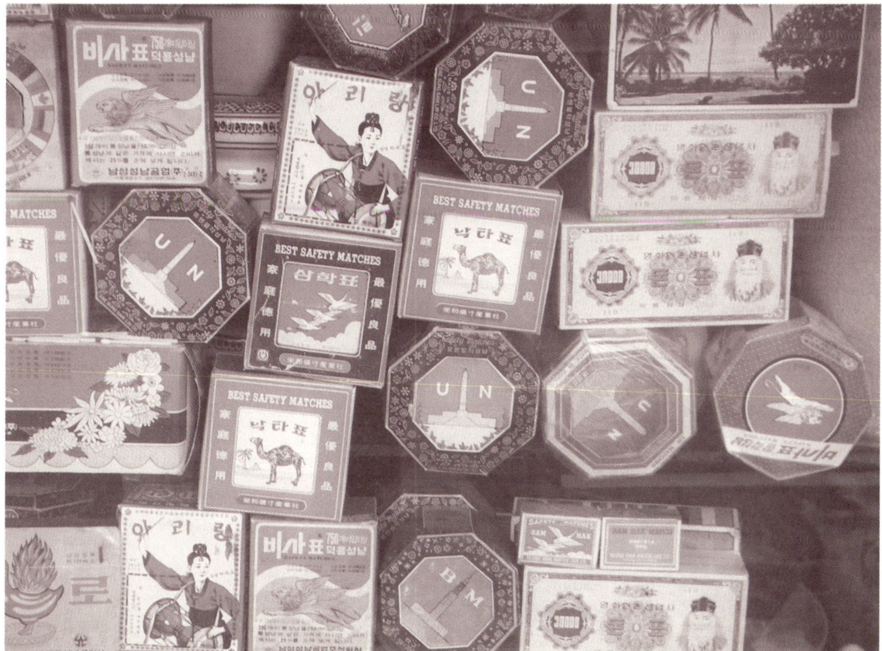

변소

우리 집은 아홉 평 삼 합 넓이의 집이다. 마당이 두 평, 부엌이 두 평, 나머지는 방으로 8식구가 오글오글 모여 살았다. 평평한 벽 한쪽에 사다리를 붙여 놓고 그 사다리를 곡예하듯 타고 올라가면 두 평 정도 크기로 부엌 위에 다락방이 있었다. 그때는 변소라 불렀던 화장실은 동네를 반 바퀴 돌아 화장실이 따로 없는 동네사람 몇 가구가 공동으로 사용했다. 공동화장실은 전깃불도 없고 허름하게 시멘트로 지어졌으며 바닥은 긴 널빤지 여러 개를 올려놓고 가운데 구멍을 뚫어 놓은 작고 초라한 변소였다.

큰일이라도 볼라치면 발 옆으로 생쥐들이 휙 지나가 기겁을 할 때도 있고 여름에는 똥파리와 구더기가 버글거려 화장실 가는 것이 고역이었다. 먹으면 나오는 생리현상이라 때가 되면 꼭 들러서 애용해야 하는 곳인데, 비가 와 질척거리는 날이나 캄캄한 밤에 큰 볼일을 봐야 할 때는 정말로 괴로웠다.

배 고픈 고통도 크지만 싸지 못하는 고통 또한 참기 어렵다. 친구들과 귀신 이야기라도 한 날에는 꼭 밤에 큰일이 보고 싶었다. 어머니, 아버지, 언니, 나, 여동생 셋, 남동생 하나. 나는 언니에게 부탁했다. 언니가 큰일 볼 때 내가 기다려줄 테니 기다려 달라고.

동병상련이라, 언니도 밤에 큰일 볼 때가 있기에 초와 성냥을 가지고 동네를 반 바퀴 돌아 변소로 갔다. 추운 겨울에 촛불을 켜 놓으면 바람이 휙 불어 꺼져 버리기도 한다. 그러면 왜 그렇게 무섭던지. 다시 성냥을 그어 불을 붙이는 그 짧은 시간에 머릿속으로 오만 것들이 떠오른다.

화장실 구멍 뚫린 밑에서 사람 손이 나와 내 다리를 잡고 밑으로 들어갈 것 같고 천장에서 시뻘건 귀신 손이 쑥 나와 내 머리채를 잡고 올라갈 것 같았다. 다리가 후들거려 아랫배에 힘을 빡 주고 한 덩어리 얼른 떨군 후 밑을 닦는 둥 마는 둥 변소 문을 자물통으로 잠그고 다시는 오지 않을 것인 양 뒤도 돌아보지 않고 재빨리 뛰어나온다. 배에 아직 잔류감이 남아 있지만 그것으로도 뱃속은 시원하다.

변소가 다 차는 여름날에는 똥이 발 밑바닥까지 차올라 혹 구더기가 발판으로 올라와 발등을 타고 기어오를까 봐 구더기 우글거리는 모습에 신경을 곤두세워야 한다.

똥을 푸는 아저씨가 긴 대나무 막대에 둥근 나무 드럼통 두 개를 매달고 똥을 푼 날에는 변소가 아주 무서웠다. 볼일을 보다 밑을 내려다보면 컴컴하고 변소 밑바닥이 보이지 않아 다리가 후들거렸다. 어쩌다 된 똥이라도 힘있게 떨어지면 똥물이 발판까지 튀어오르는 그 더럽고 무섭고 보잘것없는 변소가 가끔, 아주 가끔 생각나며 그립다.

그래도 두 평 크기의 다락방이 있어 좋았다. 그곳에서 나는 꿈도 꾸고 책도 읽었다.

다락방이 없었다면 얼마나 삭막했을까. 화장실은 정말 너무 무서웠으나 우리 육남매는 어머니께 부탁하지 않고 서로서로 형제들끼리 해결했으니 참으로 기특하다. 화장실만 제대로 갖춰져 있었다면 나의 살던 고향은 꽃 피는 궁궐이었으리라.

지금은 화장실에서 신문도 보고 책도 읽는다. 격세지감이 느껴진다.

아이스께끼

그땐 너 나 없이 가난하게 살았다. 너무나 가난한 사람들을 가리켜 "똥구멍이 찢어지게 가난하다"라고 표현한다. 먹을 것이 없어 멀건 시래기국만 며칠씩 먹다 보면 먹은 곡기가 없어 며칠씩 변이 나오지 않고 여러 날 지난 뒤 변을 보려고 하면 똥구멍이 파열되면서 피와 섞여 변이 나오기 때문에 똥구멍이 찢어지게 가난하단 말을 한다고 한다. 글쎄 그것이 맞는 말인지 모르겠지만, 우리 여덟 식구도 똥구멍이 찢어질 만치는 아니라도 가난했고, 한 끼는 고구마 삶은 것으로 끼니를 때웠다.

아버지는 창호지, 장판지, 초배지, 도배지 장사를 하는 중간 상인이었다. 방문에 창호지를 바르고 벽은 초배지로 초벌 도배를

한 뒤 도배지를 바른다. 방바닥은 노란 종이 장판을 깔고 니스를 칠해 반질반질하게 집을 가꿨다. 마석과 안성에 종이 공장이 있었다. 부지런한 아버지는 새벽에 자전거에 모터를 단 자전거 오토바이를 타고 마석을 가셨다.

집은 신설동과 동대문 사이 숭인동 81번지에 있었다. 아버지는 그렇게 새벽에 종이를 떼다 소매상에 갖다 주고 돈을 받아 공장에 입금을 시켰다.

소매상에서 수금이 늦어지면 마석과 안성의 종이 공장에서는 돈을 수금하러 왔다. 종이공장에서 돈을 받으러 온 사람은 빈손으로 온 것이 미안하다며 우리에게 일 원 또는 오 원을 주었다.

손님에게 받은 돈으로 아이스께끼를 사먹는 것이 아버지 눈에 띄기라도 하면 아버지는 먹고 있는 것을 빼앗아 땅바닥에 팽개치고는 주워 먹을까 발로 짓이겨 밟던지, 지붕 위로 높이 던져 버렸다. 그런 아버지가 야속하고 미웠다. 모처럼, 정말 모처럼 아이스께끼를 먹은 것인데, 그것도 아까워 몇 번 빨아보지도 못한 것인데 아깝고 놀라 울기라도 하면 엄청 맞았다.

엄마는 여러 자식들 빨래에, 먹이고 씻기는 것이 힘에 부쳐 동생 돌보지 않는다고, 저녁 반찬으로 올릴 감자 껍질 까 놓으라고, 방 청소 하라고 우리를 매섭게 다루셨다. 체벌하실 땐 수돗물을 소리나지 않게 받는 고무호스를 빼어 들고 무섭게 때렸지만 아버지는 항상 우리 편이셨고 매를 들지 않으셨는데 아이스께끼 먹는 것만 보면 그렇게 화를 내고 매를 드셨다.

아이스께끼 먹고 배앓이를 하면 가난한 형편에 당신께서 대신 아파 주시지 못하고 또 "누구는 아이스께끼 먹는데 나는, 나는" 아이들에게 시달리실 어머니를 생각하셨던 것이다.

아버지 몰래 숨어서 먹던 아이스크림은 훨~씬 맛있었다.

물에 만 밥

우리 집 부뚜막은 연탄난로 위에 커다란 양은솥이 얹혀 있고 양은솥에는 항상 뜨거운 물이 가득했다.

그 물로 세수며 양치를 하고 밥물로 쓰고 설거지할 때 찬물과 섞어 사용하기도 했다.

언니는 4학년이다. 4학년은 오후에 수업이 있다. 학교에서 무료 급식으로 빵을 주었다. 언니는 무료 급식 빵을 반만 먹고 엄마가 만들어준 급식 주머니에 남겨 와 동생들에게 나누어 주었다.

나는 3학년, 동생은 2학년, 1학년, 나머지 두 동생은 숭인동에 있는 적십자보육원에서 점심을 먹고 돌아온다. 내가 학교 갔다 오면 어머니는 찬밥을 양푼에 담아 커다란 솥에 있는 뜨거운 물로 말아 차가워진 물을 몇 번씩 따라 버리고 밥이 따뜻해지면 먹으라 하셨다.

학교까지 먼 길은 아니지만 변변한 외투 없이 군데군데 기운 빨간 내복을 입고 다녔다. 무릎과 팔꿈치는 빨리 해져서 밤에 잠을 자려고 겉옷을 벗으면 만화를 그려 놓은 것 같았다.

양말은 나일론이 들어가 보온이 잘 되지 않았다. 고무신을 신고 발발 떨면서 집에 들어오면 집의 따뜻함이 좋았고 어머니 냄새가 좋았다. 덤으로 허기진 배를 따뜻한 물에 만 밥 위에 어머니 손으로 죽죽 찢어 얹어주는 김장김치를 동생들과 부뚜막에 걸터앉아 함께 먹을 수 있어 행복했다.

지금 우리 집 식탁은 동글고 하얀 접시에 가위로 깔끔하게 자른 김치가 놓여 있다. 냉장고에서 포기김치를 꺼내 윗부분을 잘라내고 손으로 죽죽 찢어 밥 위에 척척 걸쳐 먹어 보지만 어머니 손으로 찢어준 그 맛이 나질 않는다.

눈을 감으면 가슴 가득 깊이 흐르는 물이 되어 그 시절로 흐른다. 과거는 부재하고 남아 있는 것은 추억이다.

김치는 아련한 옛 추억의 따뜻하고 행복했던 그 시절로 나를 이끈다.

여인숙

고구마

"떨이요 떨이" 고구마 장수 아저씨가 외친다. 리어카에 고구마를 싣고 여러 동네를 다니다 마지막 떨이를 하러 우리 동네로 온다. 어머니는 자주 아저씨에게 고구마 한 관 또는 두 관씩을 산다. 한 관은 3.75kg이다. 아저씨는 긴 대저울에 종같이 생긴 쇠뭉치를 이리저리 옮겨 가며 무게를 재셨고 한 관, 두 관이라며 어머니가 가지고 나온 고무다라에 고구마를 쏟아놓았다. 어머니는 덤으로 몇 개를 꼭 얻으셨다.

고구마를 커다란 솥에 넣고 삶기 시작하신다. 젓가락으로 고구마를 찔러 젓가락이 쉽게 들어가면 다 삶겼다며 양재기에 수북이 담아 방에 들여 놓아 주셨다.

뜨거울 때 호호 불어 먹는 맛이 좋지만 그냥 먹으면 몇 개 안 먹어 질려 버린다. 김치를 찢어 고구마 위에 얹어 먹으면 맛도 좋고 질리지 않았다.

고구마가 흔했고 값이 저렴해 아이들 간식으로, 끼니로 고구마를 많이 애용했다. 우리는 밤고구마를 좋아했지만 몸이 약한 넷째는 물고구마를 좋아했다. 밀가루로 수제비와 부침개를 만들어 먹었는데, 자주 체했다. 어머니는 대용량의 활명수를 사서 장롱 안에 넣어 두고 누군가 탈이 나면 활명수 병 위에 계량컵으로 활명수를 따라 주셨다. 활명수는 우리에게 맛있는 음료였다. 괜히

활명수가 먹고 싶어 거짓으로 배가 아프다며 엄살을 피운 형제도 있었다.

넷째는 아무도 없을 때 장롱문을 열고 활명수를 홀짝홀짝 모두 마셔 버렸다.

워낙 얌전하고 내성적인 성격에 한 자리에서 울면 지칠 때까지 조용히 울다 그 자리에서 그대로 잠이 드는 한 고집 하는 아이인지라 활명수를 홀짝 다 마신 것을 아무도 몰랐다.

얼굴이 벌겋고 아프다고 며칠을 앓았고 다른 동생에게 활명수를 주려고 장롱문을 열고 활명수 병을 꺼내든 어머니는 기겁을 했다. 그때서야 넷째가 모두 마신 것을 알았다.

그 일로 넷째는 위가 고장 났는지 음식도 조금만 먹고 잔병치레를 많이 했다. 지금은 고등학교 사회 선생님으로 학생들을 가르치며 열심히 살고 있지만 위는 늘 튼튼하지 못하다.

자기 취향에 맞는 고구마를 골라 먹고 따뜻한 아랫목에 이불을 덮고 앉아서 노래도 부르고 이야기도 했다.

자세를 바꾸려고 이불을 들썩일 때 썩는 냄새가 났다. 누군가 이불 속에서 방귀를 뀐 것이다. 지독한 가스는 이불 속에서 날아가지 않고 이불을 들썩일 때마다 냄새를 풍겼다.

우리는 모두 일어나서 이불을 훌훌 털고 코를 막으며 "누구야 누구"를 외치며 상을 찡그렸고, 누가 범인인 줄 금방 알 수 있었다. 실례를 한 사람은 꼭 "킥킥" 뒤로 넘어갈 듯이 웃었고 우리는 조그만 주먹을 일제히 그 사람에게 날렸다.

고구마 먹고 실례를 한 냄새는 지독히도 고약했다. 지금 마트에 수북이 쌓인 고구마. 호박고구마는 구워 먹고, 밤고구마는 튀김 해 먹고, 물고구마는 삶아 먹어야지!

종류별로 카트에 담아본다.

회충약

회충검사를 한다고 학교에서 채변봉투를 나누어주며 선생님께서 설명해 주셨다. 종이를 깔고 변을 누며 성냥개비로 변을 콩알만큼 떠서 비닐봉투 속에 넣고 불로 비닐 끝을 태워 손으로 누르면 붙으니 비닐을 붙여 변이 새어 나가지 않도록 하여 겉봉투 속에 넣어 학교로 가져 오라고 하셨다.

점심시간에는 운동장으로 나가 전교생이 구령에 맞추어 하나, 둘, 셋, 넷 국민체조를 했다. 학교 가는 길 곳곳에 누가 본 것인지 모를 변이 간간이 눈에 띄었다.

이삼 일 여유를 주지만 꼭 준비해 오지 못하는 학생이 있었다. 선생님은 학교 화장실에서 만들어 오라며 호통을 치셨다. 한 개

반 칠십 명이 넘는 학생들을 관리하느라 선생님은 호랑이가 되어야 했고 그래서 선생님이 많이도 무서웠다.

나는 언니가 있어서 좋았다. 공동변소를 보는 나는 언니의 도움을 받아 숙제를 해결했다. 언니는 공부도, 미술도, 체육도, 노래도 무엇이든 잘했다.

방학 때 펀펀히 놀다 개학 이틀을 앞두면 땅이 꺼진다. "언니, 나 숙제 좀 해줘." 언니에게 지지 않으려도 참 많이도 싸웠는데 개학이 다가오면 나는 언니에게 설설 기었다. 똑똑한 언니는 만들기도 뚝딱, 그리기도 뚝딱, 방학생활 책도 금방 뚝딱 내 대신 다 해 주었다. 개학 며칠 동안은 언니에게 쩔쩔맸지만 다시금 언니에게 지지 않으려고 싸우고 덤비고 참 많이도 언니에게 못되게 굴었다.

학생들은 선생님께 야단맞지 않으려고 애를 썼다. 마감 날까지 숙제를 하지 못해 집에 있는 된장을 넣어 가져온 학생도 있었다.

겉봉투에 학년, 반과 이름을 먼저 쓰고 변을 넣은 비닐을 넣는 것이 순서인데 변이 담긴 겉봉투를 밥풀로 붙여버리고 이름을 쓰려고 하면 난감했다. 침을 묻혀가며 겉봉투에 이름을 쓰면서 변봉투에 구멍이 뚫릴까 봐 조마조마했다.

마침내 검사 결과가 나오고 회충이 있는 학생들의 이름이 불리어졌다. 열댓 명의 학생 이름이 불리어지고 약을 받았다. 선생님은 꼭 약을 먹으라고 신신당부 하셨고 회충이 얼마나 나왔는지 알아오라고 하셨다.

강냉이

옥수수를 빙글빙글 돌아가는 기계에 넣고 기계 밑에 불을 피워 한참을 돌리면 공기의 압력이 세어지고, 열기에 옥수수가 익어 기계 속 부피가 늘어난다. 김을 빼주고 기계를 열면 압력으로 튀겨진 옥수수가 "뻥" 소리를 내며 튀어 나온다.

지금의 팝콘처럼 몇 배나 불어서 강냉이가 나온다. 설날이나 추석 때가 되면 박상 튀기는 아저씨가 동네에 들어오고 집집마다 보리나 콩, 쌀, 말린 떡 등을 튀겼다. 경상도 사투리로 '오꼬시' 는 박상 튀긴 것에 물엿을 넣어 굳혀 과자처럼 만든 명절 음식이다.

어머니는 길에서 주운 쇳조각이나 못 쓰는 냄비 등을 모아 놓

았다 강냉이 장수에게 주고 소쿠리에 강냉이를 받아 오셔서 우리에게 주셨다. 우리 남매들은 서로 강냉이를 많이 먹으려고 싸웠다. “부자는 먹을 때가 먹을 때이고, 가난한 사람은 먹을 게 있을 때가 먹을 때야.” 동네 어른들이 푸념하듯 말하곤 했다.

어머니는 소쿠리에 담긴 강냉이를 한 움큼씩 집어 윗옷 앞을 잡아당겨 옷에 강냉이를 놓아 주셨다. 우리는 혹여 강냉이가 한 알이라도 떨어질까 봐 불룩한 윗옷 밑을 한손으로 받쳐 들고 한손으로는 강냉이를 맛있게 먹었다. 강냉이는 간식으로 훌륭하지만 배는 부르지 않았다.

초등학교 5학년 우리 집 앞은 지하철 공사가 한창이었고 공사장 근처에는 긴 철근이 많이 쌓여 있었다. 어쩌다 작은 도막의 철근을 주워 와 강냉이 아저씨에게 주면 제법 많은 강냉이를 주었다.

어느 날 늦은 시간 제법 긴 철근을 집어서 집으로 가져오다 아저씨에게 야단을 맞았다. 그것은 도둑질이며 벌을 받는다고 했다. 가슴이 쿵쾅거렸고 다음 날부터 다시는 공사장 근처를 갈 수 없었다. 지하철 공사장을 놀이터 삼아 신나게 뛰노는 아이들과도 어울리지 못했다.

철근 일만 없었다면 온 겨울을 신나게 뛰어놀 수 있었을 텐데 아쉽다.

간식

초등학교를 졸업하고 중학교 배정 번호를 받은 언니는 라디오에서 흘러나오는 배정번호에 귀를 기울이고 있다. 망우리에 있는 송곡중학교로 배정을 받아 버스를 타고 통학을 해야 했다.

숭인동에서 망우리까지 가려면 일찍 일어나야 했다. 만원 버스에 시달리며 통학해야 하는 언니에게 어머니는 따뜻한 밥에 계란을 깨고 참기름을 떨어뜨려 밥을 비벼주었다.

그것은 최고의 반찬이었고 임금님 수라상이다. 언니는 학교에서 늦게 돌아왔다. 어머니는 틈틈이 모아 둔 돈으로 계를 하여 목돈을 만드셨다. 목돈을 시장에서 장사하는 사람들에게 빌려주고 매일 돈을 받는 일수를 하기 시작하셨다.

저녁준비는 내 차지가 됐고 나는 가족을 위해 저녁 준비를 해야 했다. 일요일에는 간식을 만들어 동생들에게 주었다. 공부 잘하는 언니는 저녁밥이 짓기 싫어서인지 공부를 하기 위해서인지 항상 늦은 시간에 집에 왔다. 일요일에도 도서실로 공부를 하러 갔다.

간식은 집에서 만들어 먹었다. 후라이팬에 밀가루를 넣고 갈색이 날 때까지 볶아서 미숫가루를 만들어 먹고 김치부침, 부추부침을 만들고 굵고 마른 국수를 기름에 튀겨 설탕을 살살 뿌려 비스킷처럼 만들어 먹기도 했다.

여름날 아버지가 수박 한 통을 사오시면 어머니는 집 앞 연탄가게로 가셨다. 연탄가게에서 얼음을 팔았고 10원을 내면 얼음을 새끼줄에 묶어 주었다. 커다란 양재기에 얼음을 넣고 바늘을 얼음에 대고 망치로 두드리면 얼음이 깨졌다.

조각난 얼음 양재기에 숟가락으로 수박을 떼내어 하얀 설탕가루를 넣고 미숫가루도 넣어 국자로 한 그릇씩 나누어 주면 등

에 흐르는 땀이 식고 온몸이 서늘해지면서 배 부르고 기분이 좋았다.

속을 다 파먹은 수박 겉은 칼로 껍질을 벗겨내고 숭덩숭덩 썰어 된장국에 넣어 끓였다. 우리는 숟가락을 휘휘 저으며 수박껍질을 건져먹었다. 된장국 속 수박껍질은 씹을 때 된장국물이 배어나와 짭짤하고 아삭하니 맛있다.

그 시절이 하! 그리워 된장국 속에 수박껍질 숭덩숭덩 썰어 넣고 쇠고기까지 넣어 끓여 보지만 여럿이 둘러앉아 정과 함께 먹던 옛 시절의 그 맛이 나질 않는다.

사진 찍는 날

지금은 디카나 핸드폰으로 어디서나 찰칵 하며 눈앞에 놓치고 싶지 않은 풍경이나 추억을 언제라도 담아낸다. 그땐 네 발 리어카에 커다란 풍경을 고정하여 세워놓은 사진사 아저씨가 리어카를 밀고 동네로 들어왔다. 스튜디오에 여러 가지 배경을 연출해 가며 아이의 백일사진이나 돌사진을 찍는 지금의 모습과 흡사하다. 풍경 3-4가지를 가지고 다녔는데 가족 단위로 또는 이웃과 사진을 찍었다.

여자 아이들도 아버지를 따라 이발소에서 머리를 깎았다. 이발소보다 싼 야매 이발사 아저씨가 가죽가방에 이발도구를 챙겨 동네를 돌며 싼 가격에 머리를 깎아 주었다. 어떤 여자 아이들은 머리를 땋아서 늘어뜨리거나 한쪽으로 묶었지만, 대부분의 여자 아이들은 뒷머리를 바리깡으로 비스듬히 깎고, 옆머리는 귀밑까지, 앞머리는 이마를 약간 덮는 짧은 상고머리를 하고 다녔다.

물을 데워 큰언니가 씻은 물에 내리 내리 씻는 목욕은 자주 할 수 없었다. 머리에 이가 스멀스멀 기어 다닐 수 있기에 관리가 힘든 긴 머리보다 손질하기 쉬운 상고머리를 많이들 하고 다녔다.

아저씨는 보자기를 목에 두르고 머리를 깎았다. 왜 그렇게 시간이 오래 걸리는지 좀이 쑤시고 답답했다. 특히 여름에는 잘려진 머리카락들이 목과 뺨에 붙어 간지러웠지만 아저씨가 야단칠까 봐 움직일 수 없었다.

머리 깎는 날은 고통이다. 이발사 아저씨가 앞머리를 자르려고 가위를 들이댈 때 갑갑해 하며 고개를 젓는 바람에 오른쪽 눈썹 위로 가위가 지나가며 피가 흘렀다. 어떻게 마무리 됐는지 모르지만 오른쪽 눈썹 위에 커다란 흉이 생겼다.

지금은 미술관에서 명화를 감상하고, 사진, 그

림, 책, TV 화면에 쏟아져 나오는 살아있는 풍경들을 무심히 지나치지만, 사진사 아저씨 리어카에 고정되어 있는 큰 풍경은 눈을 황홀하게 했고 마음을 따뜻하게 했다.

시냇물이 흐르고 나무와 꽃이 피어있는 오솔길과 예쁜 새들은 상상과 감성을 자극했다. 아저씨가 떠날 때까지 풍경을 바라보느라 시간 가는 줄을 몰랐다.

사진 속 동생과 하얀 이를 드러내며 함빡 웃는 상고머리 자매, 오른쪽 눈썹 위 흉터자국도 미소 짓는다.

크리스마스

나는 한 살 어린 동생과 같이 적십자 보육원을 다녔다. 보육원은 부모가 없는 아이들을 맡아 주는 곳이지만, 가정형편이 어렵고 형제들이 많은 아이들은 아침부터 오후 늦게까지 맡아서 돌봐 주었다.

적십자 보육원은 후원금으로 운영이 되던 곳이었다. 부모가 있는 아이들은 보육료를 내지 않는 대신 돌아가면서 아이들에게 점심을 해 주었는데, 어머니가 당번이 되는 날은 꼭 콩나물 갱죽이 나왔다. 멸치 푼 콩나물국에 찐쌀을 넣어 끓인 음식이다. 멸치 넣은 콩나물국에 말아먹는 밥이 아닌 찐쌀로 끓인 죽은 탄력 있고 맛있었다.

아침에 선생님과 노래하고 놀이하고, 손을 씻은 후 꼭꼭 씹어 점심을 먹었다. 어떤 유명한 사람이 인생에 알아야 할 것은 유치원에서 다 배웠다고 했는데, 나는 유치원에서 지켜야 할 예절과 바른 행동을 배웠다. 점심식사 후 바닥에 담요를 펴고 베개가 일자로 놓이면 양손을 허리에 대고 까치발로 살금살금 걸어 차례대로 베개를 베었고, 선생님이 "손깍지" 하면 손을 깍지 껴 배꼽 위에 올렸고 "눈" 하면 눈을 감았고 감은 눈은 절대로 뜨면 안 됐다. 이불을 덮고 선생님이 나가시면 스르르 잠이 들었다. 손을 깍지 껴 배꼽 위에 올리고 잠을 자면 배가 따뜻해지는데, 그래서 그런지 배가 아프다고 떼쓰는 아이는 없지만, 이불에 오줌을 싸는 아이는 꽤 있었다.

크리스마스가 다가오면 보육원을 방문하는 후원자가 많았다. 풍선이며 과자며 처음 보는 사탕을 선물로 받았다. 입으로 "후" 불면 빵빵하게 커지는 알록달록한 풍선은 눈과 마음을 즐겁게 했다. 집으로 조심조심 가져온 풍선은 아침이 되면 머리맡에서 줄어들어 조그만해졌다.

동네 사는 화경이는 크리스마스에 착한 일을 한 사람에게 산타할아버지가 선물을 주는데 양말 속에 선물을 넣고 간다고 했다.

화경이 아빠는 학교 선생님이고 엄마는 찻길 가에서 가게를 하셨다. 크리스마스가 되면 인형, 장난감, 과자 등을 들고 나와 "너희 집에는 산타 할아버지 안 오셨니?" 물어보면 신기하고 놀라워 눈을 동그랗게 뜨고 "그 사람이 누군데 너희 집에 와서 선물을 주니? 우리 집에는 안 오셨는데……." 했다.

'화경이는 동생들과 싸우지 않고 착한 일만 하는 아이인가 보다.' 괜히 화경이가 천사처럼 보이고 화경이가 부러웠다. 매년 산타 할아버지는 야속하게 우리 집엔 오시지 않으셨고 해가 바뀌어 크리스마스가 다가오면 양말을 머리맡에 놓고 잤지만 양말 속엔 선물이 한 번도 들어있지 않았다.

선물을 주지 않는 할아버지가 원망돼 화경이에게 물었더니 "아무도 몰래 보는 사람이 없을 때 살짝 오시고, 썰매를 타고 오시기 때문에 찻길 가 집까지만 오고 골목 안까지는 너무 복잡해서 못 오는 것 같다."고 했다. 나는 그 말을 믿었고 해마다 크리스마스가 다가오면 우리도 찻길 가로 이사 가자고 어머니께 떼를 썼다.

장마

비가 오는 날에는 집에서 김치부침개를 만들어 먹었다. 연탄불 위에 후라이팬을 얹고 들기름을 둘러 부쳐내고 또다시 부쳐내고를 여러 번 하여도 돌아서면 그릇은 항상 비어 있었다. 식구들이 많으니 부쳐내기 무섭게 없어져 버렸다. 그렇게 어느 정도 배가 부르면 나도 부엌에 앉아 부침개를 부쳐가며 맛있게 먹었다.

내가 일하고 내가 만든 것이기에 나만 따로 먹으려고 부침개 몇 개는 그릇에 담아 다락에 숨겨 놓고 몰래 먹었는데, 숨어서 먹는 그 맛은 기막히게 좋았다.

비가 오거나 쉬는 날 부침개 굽는 일은 항상 내 몫이었고, 그것이 버릇이 되어 지금도 쉬는 날이나 비 오는 날에는 부침개를 만들어 먹는다.

비 오는 날 학교에 가려면 우산 쟁탈전이 벌어진다.

이슬비 내리는 이른 아침에
우산 셋이 나란히 걸어갑니다
빨강 우산 노랑 우산 찢어진 우산
좁다란 골목길을 우산 세 개가
이마를 마주대며 걸어갑니다.

찢어진 우산, 고장난 우산, 낡은 우산, 아이들 많은 집에는 성한 우산이 없었다. 그래도 그중 더 좋은 우산을 가져가려고 우산 쟁탈전을 벌였다. 나는 연년생인 동생과 같이 쓰고 다녔다. 먼저 끝난 사람이 기다리다 같이 우산을 쓰고 왔다.

비 오는 날 발을 물에 적시지 않으려고 깨금발을 뛰고 조심해서 걷다 물방울에 발이 젖어 버리면 그때부터는 될 대로 되라는 식으로 텀벙텀벙 물을 차고 다녔다.

학교에 도착해서 고무신을 벗고 복도에 올라서면 금세 발이 마르고 젖었던 옷도 몸의 열기에 말라 버렸다.

짓궂은 남학생은 일부러 물 고인 곳을 힘껏 발로 내디뎌 물을 사방으로 튀게 해서 주위에 등교하는 아이들이 비명을 지르게 했다.

남학생은 그것이 재미있어 깔깔대며 더 힘껏 발을 텀벙거리며 물을 사방으로 튕겼다. 발로 한 번 힘껏 차주고 싶은 마음은 굴뚝 같지만 참을 밖에…….

하수도 시설이 변변치 않아 삽시간에 도로는 물바다가 되고 그 물을 빼려고 맨홀 뚜껑을 열어 놓았는데, 맨홀 안으로 물이 콸콸 무섭게 빨려 들어갔다. 사실인지는 모르겠으나 누군가 잘못해서 맨홀에 빨려 들어갔고, 그렇게 여러 명의 아이가 죽었다는 이야기가 들렸다. 나는 되도록 열려 있는 맨홀 구멍에서 멀리 떨어져 다녔다.

소풍

소풍 가는 날은 손꼽아 기다리는 즐거운 날이다. 소풍 전날은 혹여 내일 비가 오지 않을까 걱정하며 수도 없이 하늘을 올려다보며 깊은 잠이 들지 않았고 아침 일찍 눈이 떠졌다.

아침에 일어나면 어머니는 김밥을 산더미같이 싸 놓으셨고 그날은 돈까지 쥐어 주셨다. 서울 숭신초등학교는 학생수가 엄청 많아 오전반과 오후반으로 나뉘어 공부를 했다. 형편들이 다들 그러그러했다.

학교에서는 도시락 싸는 부모님의 경제적 부담을 덜어드리느라 일, 이, 삼 학년이 같은 날에 사, 오, 육학년이 또 같은 날에 두 번으로 나누어 소풍을 갔다. 연년생인 우리 육남매 소풍 가는 날

도시락은 모두 김밥이기에 어머니는 아침 일찍 일어나서 많은 김밥을 만드셨다.

한번은 초등학교 5학년 가을 소풍 전날 아버지와 어머니가 다투셨고 어머니는 집을 나가 버렸다. 가끔씩 아버지와 다투면 어머니는 보따리를 싸서 마장동에 사시는 외삼촌 집에 갔다 하루만에 돌아오셨다. 언니는 학교에서 졸업사진을 찍는다고 소풍을 가지 않았고, 아침 일찍 일어나 보니 설마 했던 어머니가 없었다. 아버지께 소풍이라 말씀 드리고 엄마가 소풍 준비 해 놓으신 김밥 재료를 꺼내 난생 처음으로 김밥을 쌌다. 김을 구워서 김밥을 쌌는데 김이 밥에 들러붙어 주먹밥을 만들었고 주먹밥을 도시락에 넣어 소풍을 갔다. 아버지는 십원짜리 지폐 한 장과 오십원짜리 지폐 한 장을 주셨는데, 오십원짜리 지폐는 나에게 큰돈이라 손수건을 펼쳐 오십 원을 넣고 돌돌 말아 손목에 묶었다. 그래도 안심이 되지 않아 손수건을 풀어 몇 번이나 확인했다. 길가에 흐드러지게 핀 코스모스가 바람에 한들거리는 모습이 꼭 처량한 내 모습 같았다.

나는 코스모스 꽃이 제일 좋다. 기쁠 때 보면 기분 좋아 한들한들 거리는 것 같고 슬플 때는 여리게 핀 코스모스가 또 그렇게 애잔해 보인다.

소풍 갔다 돌아와 손수건을 풀어보고 앞이 캄캄하고 머리가 띵했다. 손수건 안에 있어야 할 오십원 지폐가 없어진 것이다. 몇 번씩 확인하고 또 확인했는데 이럴 수가…….

5학년 가을소풍은 나에게 슬픔이며 안타까움이고 가슴 저린 아픔이다.

숭인동 81번지

지금은 행정구역이 바뀌어 종로구 숭인동이지만 그땐 동대문구 숭인동이었다. 궁안마을은 옛날 궁녀가 살았던 곳으로 집 없는 사람들이 판잣집을 하나 둘 짓고 살기 시작하면서 100여 가구가 되었다.

궁문을 들어가면 오른쪽에 연탄가게, 왼쪽에 쌀가게를 시작으로 판잣집들이 들어서 있고, 좁은 길을 따라 집들이 다닥다닥 붙어 있다.

쌀가게는 크고 작은 됫박과 말이라는 나무 용기가 있었다. 됫박에 쌀을 수북이 올리고 쌀을 평평하게 밀어 고르게 하는 방망이를 사용하여 위에 쌓인 쌀을 깎아내 봉지쌀을 팔았다. 많은 양의 말은 헝겊자루에 담아 팔고, 아주 작은 홉이라는 용기는 콩이나 좁쌀을 계량해서 팔았다.

연탄가게에서는 여름에 얼음도 팔았다. 커다란 냉동 창고에서 얼음을 꺼내 팔고자 하는 양을 톱으로 잘라 팔았다. 톱이 앞뒤로 서걱서걱 소리를 내면 하얀 얼음가루가 눈송이처럼 떨어졌다. 짚으로 꼬아 만든 새끼줄에 잘려진 얼음을 묶어 팔았다. 겨울에는 새끼줄 밑을 묶어 매듭을 지은 후 연탄을 한 장 또는 두 장을 꿰어 팔았다.

지금은 롯데캐슬 주상복합 아파트가 들어서 있는 곳으로, 마을 가운데 우물이 있고 우물이 흘러넘치면 실개천을 따라 흐르다 시궁창으로 흘러 들어갔다.

종이배를 만들어 넘쳐 흐르는 우물물에 띄우고 실개천을 따라 움직이는 종이배 시합을 하며 놀았다.

우물은 사시사철 마르는 날이 없었다. 여름에는 얼음처럼 차게, 겨울에는 따뜻하게 흘렀다. 아무리 사용해도 사용료가 없는 우물은 동네 빨래터였다. 우물물이라 비누거품이 잘 일지 않아 빨랫방망이로 빨래를 두들겨 패 가며, 잡담을 하고 동네 소문들을 만들어 냈다. 놀이터 없는 종로구 숭인동 81번지 우리 마을 다용도 장소였다.

쌀 씻고 나물 씻는 아낙, 빨래하는 아낙, 멱감는 아이, 새색시는 큼지막하게 도막난 갈치를 손질하며 갈치 겉 표면의 은빛을 돌에 문질러 닦았다. 그래야 비린 냄새가 나지 않는다고 했다. 은빛 때문에 나는 비린 냄새가 아닌데 그렇게 깔끔을 떨었다.

막내 남동생은 팬티 바람으로 제 또래 친구들과 바가지 하나씩을 들고 시원한 우물물을 떠 와 머리에 쏟아 붓고는 다시 우물로 물을 뜨러 뛰어갔다.

우물에서 물을 퍼 머리에 쏟아 부으면 될 일을 그렇게 온 동네를 깔깔거리고 뛰어다니며 물 쏟아 붓는 놀이를 하였다.

그렇게 운동을 하고 일광욕을 하여서인지 남동생은 감기 한 번 걸리지 않고 튼튼하게 자랐다.

지대가 높은 곳 공동수도에 물이 끊기거나 수도가 얼어 물이 나오지 않으면 양은 물통을 가지고 이웃마을 사람들이 우르르 몰려와 우물물을 퍼갔지만 우물은 끝없이 맑은 물을 토해냈다.

한강이 서울 사람들의 젖줄이라면 우물은 동대문구 숭인동 81번지 판잣집, 궁 안 사람들의 젖줄이며 정겨움의 장소였다.

짓궂은 동네 머슴애들이 장난으로 연탄재나 쓰레기를 우물에 던져넣어 더러워지면 시골 우물처럼 두레박을 사용할 만큼 깊지 않은 우물의 물을 다 퍼내고 우물에 들어가 바닥까지 깨끗이 청소를 하였다. 바닥을 청소할 때면 일원, 오원, 십원짜리 동전, 숟가락, 젓가락, 가락지 등의 보물들이 쏟아져 나왔다.

물동이에 물을 길은 후 머리에 수건을 꼬아 만든 똬리를 얹고 그 위에 물동이를 머리에 이고, 한손으로 물동이를, 한손으로 동생 손을 잡고 걸어가는 어머니를 노랑머리에 코 큰 아저씨는 신기한 듯 바라보며 카메라 셔터를 누르기에 바빴다.

놀이

투다닥 톡톡 지금은 컴퓨터게임기, 닌텐도, 비디오게임기 등으로 가만히 앉아 혼자 게임을 한다. 내 둘째 아이는 중학생이다. 학교 가고 학원을 갔다 오면 컴퓨터에 매달려 산다. 여럿이 어울리며 부대끼고 놀면서 터득하는 사회성이나 인내력, 양보하고 배려해 주는 이타심들을 스스로 깨우치는 능력이 부족하다. 체격은 좋지만 체력이 좋지 않다.

육십년대 아이들은 밥만 먹으면 숟가락 놓고 바깥에 나가서 놀았다. 새끼줄을 길게 만들어 아랫동네, 윗동네 편을 갈라

꼬마야 꼬마야 뒤를 돌아라

꼬마야 꼬마야 땅을 짚어라
꼬마야 꼬마야 만세를 불러라
꼬마야 꼬마야 잘~가거라

술래가 줄을 돌리며 불러주는 구령에 맞추어 팔짝팔짝 뛰었다. 줄에 걸린 아이들은 신을 벗어 줄 안에 놓아두고 땅을 짚어라 하면 살아남은 아이가 신을 집어 줄 밖으로 던진다. 그러면 줄에 걸렸던 아이가 다시 살아나는 놀이다.

어쩌다 줄 밖으로 힘차게 집어던진 신발이 지붕 위에라도 얹히면 아이들은 그곳으로 뛰어가 큰 아이 목에 목마를 타고 긴 막대기로 신발을 꺼내곤 했다.

여자 아이들끼리는 고무줄을 하는데, 편을 가를 때 홀수면 이편에도 저편에도 낄 수 있는 깍두기를 만들어 놀았고, 공부 잘하고 운동 잘하고 무조건 악바리 같은 큰언니를 자기 편으로 만들려고 경쟁을 했다.

짓궂은 머슴애들은 고무줄을 끊어 흥을 깨 놓았다. 보도블록이 깔리지 않은 맨땅에 조그만 돌멩이들은 맨발로 노는 아이들의 발바닥을 아프게 했다. 어머니는 옥수수를 먹고 남은 대를 말려 놓았다 맨발로 고무줄 하려는 곳의 땅을 옥수숫대로 쓸어 돌멩

이가 없게 흙을 고루 펴주었다. 그곳의 흙은 부드러워 맨발로 고무줄뛰기에 좋았다.

고무줄놀이를 하며 줄을 밟았네 안 밟았네 싸웠다. 며칠 동안 말도 안 하고 지내다 또다시 언제 그런 일이 있었나 하며 잘들 어울려 놀았다.

지금 야구와 비슷한 놀이로 남자 아이들은 자치기를 하였는데, 긴 막대기로 작은 막대를 쳐서 작은 막대가 튀어 오르면 긴 막대기로 다시 쳐서 공중으로 날려 보내고 작은 막대가 떨어진 곳까지의 거리를 긴 막대로 한 자 두 자 재어 누가 이겼는지를 가렸다.

저녁에는 전기세를 아낀다고 전깃불을 끄고 꼬마 전구를 켜서 실내가 어두웠다. 종이장사를 하는 우리 집에서 가져온 비닐장판을 동네 가로등 밑에 펼쳐놓고 엎드려 숙제도 하고 연필도 깎고 옛날이야기도 하고 라디오에서 흘러나오는 연속극도 들었다.

조그만 공깃돌을 주워 모아 만보공기를 했다. 한 개의 돌을 하늘로 던지며 세 알, 네 알, 다섯 개 알의 공기를 '만.보.공' 으로 모은 뒤 "기" 할 때 집어 따내는 놀이이다.

공기알을 모두 따면 딴 것 중 스무 알 또는 서른 알을 내어놓고 다시 만보공기를 하는데, 잘못하면 빚을 지고 진 편은 이긴 편에게 팔목을 내밀고 찰싹찰싹 손가락 매를 맞았다.

남자 아이들은 나무팽이에 총알을 박아서 줄을 감아 돌리는 팽이놀이, 구슬치기, 딱딱한 책 표지를 뜯어내 만든 딱지치기를 했다. 그러다 딱지를 잃기라도 하면 새 책을 뜯어 빳빳하게 만든 딱지를 만들어 어머니께 야단맞는 아이도 있었다. 그 아이에게는 새 책 겉표지 딱지가 재산목록 1호였다.

동전을 비닐에 싸고 비닐을 잘게 뜯어 만든 제기로 제기차기, 자치기 놀이를 하였고 여자 아이들은 공기놀이, 줄넘기, 오자미놀이(지금의 피구놀이)로 헝겊을 네모지게 꿰매고 헝겊 안에 모래를 채워 꿰매어 만든 오자미를 가지고 놀았다.

남자 아이와 여자 아이가 같이 하는 놀이에 다방구, 숨바꼭질, 무궁화꽃이 피었습니다, 신발 뺏기, 비석치기 등이 있었다.

동네 마당은 아이들의 놀이터이고, 수학 공부 교실이며, 사회성과 감성을 키우는 곳이었다. 모두들 뛰어놀아 뚱뚱한 아이가 하나도 없는 체력 단련의 장이었고 큰 나무들로 자라게 해주는 요람이었다.

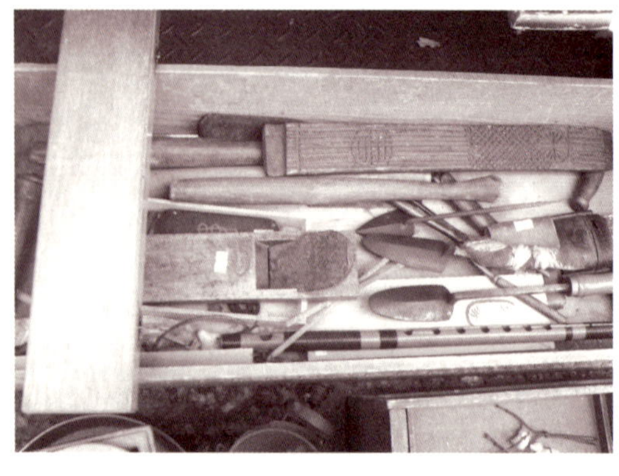

눈 오는 날의 풍경

그 해 겨울은 참 많은 눈이 내렸다. 슬레이트 지붕 위에 수북이 쌓인 눈의 무게를 이기지 못하고 집이 무너질까 어머니와 아버지는 장대로 지붕 위에 수북이 쌓이는 눈을 몇 번이나 쓸어 내셨다. 눈 온 골목길은 아이들에겐 환상이다. 신이 나서 눈을 치웠고 골목에 수북이 쌓아놓은 눈에 물을 뿌려 얼려서 미끄럼을 만들었다.

고무신은 미끄러운 눈 위에서 잘도 미끄러져 신이 났다. 길바닥을 힘껏 달려 빙판 위에 올라서 미끄러지며 신나게 미끄럼을 탔다. 엉덩방아를 찧으면 일어나 엉덩이 몇 번을 문지르면 아픔이 사라졌고 또다시 엉덩방아를 찧으며 미끄럼을 타고 놀았다.

동네 오빠나 언니들은 뒤에다 동생을 매달고 달렸다. 뒤에서 두 손을 앞으로 내민 동생 손을 오빠는 등 뒤로 뻗어 맞잡고 미끄럼을 태워 주었다.

신나게 뛰어놀다 보면 몸에서 김이 모락모락 나고 엄동설한이 하나도 춥지 않았다.

벙어리장갑을 손에 낀 아이들은 하얀 연탄을 눈에 굴려 작은 눈덩어리를 만들었고 눈 위로 굴려 큰 눈덩이를 만들었다. 눈덩이는 점점 불어나 대빵으로 커졌다. 눈덩이 두 개를 쌓아 올려 사람의 형체를 만들고 숯이나 솔가지를 꺾어 눈, 코, 입을 붙여 눈사람을 만들어 세워 놓았다.

그렇게 동네에 키 크고 뚱뚱한 눈사람 여러 개가 아이들 노는 것을 응원하며 하루 종일 골목을 지켰다.

다음 날 아침 나와 보면 꽁꽁 얼어붙은 눈사람이 반갑게 맞아주었고 처마 끝에 굵고 긴 투명한 고드름이 거꾸로 자라나 있었다. 겨울이 춥지 않은 것은 어머니의 따사로운 사랑이 살뜰하게 쬐어주고 있어서이다.

아이들은 숟가락을 놓으면 밖으로 뛰어나와 고드름을 꺾어 칼싸움 놀이를 하고 윗동네 아랫동네 편을 갈라 눈싸움을 했다. 그렇게 신나게 뛰어놀면 얼굴이 벌겋게 상기되고 몸에서 열이 나

며 하얀 김이 났다.

"말순아! 종철아! 철수야! 밥 먹어라" 저녁밥 먹으라는 어머니의 외침으로 놀이가 끝났다. 동네가 조용해졌고 동짓달 짧은 해가 못내 아쉬웠다.

동지섣달 긴긴 밤은 배가 고팠다. "배고프다" 찡찡대면 어머니는 부엌에 사다 놓은 생고구마를 칼로 깎아 주셨다. 따뜻한 아랫목에서 오득오득 맛있게 베어 먹고 메밀묵 아저씨의 메밀~묵 외침소리를 아련하게 들으며 잠에 빠져들었다.

먹을 것도, 놀잇감도 부족했지만 그렇게 뛰놀며 그저 행복했다. 눈싸움에 젖은 내 장갑은 부뚜막 솥 위에서 다음날을 꿈꾸며 잠들었다

한 짝을 잃어버리면 쓰지 못하는 벙어리장갑을 잃어버리지 않기 위해 끈으로 묶어 목에 걸고 다녔다.

나는 지금 여기 있는데 그 옛날 뛰놀던 내 짝은 어디 있을까? 끈으로 묶어 둘 수 있었더라면.

달고나

동네 넓은 마당에 사과궤짝을 펼쳐놓은 뽑기 아줌마가 있었다. 궤짝 안에는 설탕, 소다, 크기 다른 국자 몇 개와 나무젓가락을, 궤짝 위에는 철판을 깔아놓고 철판 위에 물고기 모양, 별 모양, 오징어 모양의 틀과 둥근 누름판과 철판 위에 찍어낸 뽑기를 떼어내는 얇은 긁개가 놓여 있다.

국자에 설탕 한 숟가락을 넣고 연탄불 위에 국자를 올리고 나무젓가락으로 녹는 설탕을 휘휘 저어 설탕이 녹아 누렇게 되면 소다를 넣고 저어 부풀린 후 철판에 쏟아 붓고 누름판으로 누른다. 모양틀을 올려 다시 누름판으로 눌러 찍어 뽑기를 만든다. 뽑기는 고도의 집중력과 신중을 요하는 놀이이다. 금대로 모양을 잘

라내려고 온 정신을 집중해야 한다. 손톱에 침을 바르고 조금씩 뽑기를 떼어 먹어가며 금대로 별 모양, 물고기 모양을 뽑았다.

한참을 뽑다 보면 손에 땀이 배이고 땀에 뽑기가 녹아 흐느적거리거나 잘못하여 모양 끝이 조금 잘려 나가면 뽑기를 들고 아줌마에게 가서 봐달라고 졸랐다. 모양대로 뽑아 아줌마에게 가져가면 모양을 받아 찬찬히 살핀 후 부숴 버리고 새로운 뽑기 한 개를 주셨다. 뽑기를 방바닥에 살짝 놓고 바늘에 침을 묻혀가며 금을 그어 나가면 모양대로 뽑히기도 했지만, 설탕으로 만든 뽑기가 침에 녹아 바닥에 딱 들러붙어 바닥에서 떼내려고 애를 먹었고 어머니께 야단맞을까 봐 젖은 걸레로 바닥을 몇 번이나 닦아냈다.

노력하면 안 되는 것이 없고 실패는 병가지상사라 했던가. 뽑기를 잘도 뽑았다. 동네 아이들 뽑기를 대신 뽑아 주는 일이 많아졌다. 대신 뽑아 주기 전에 꼭 '잘못 뽑아도 책임 없어' 를 다짐받았다.

쨈은 뽑기 국자보다 조금 더 크고 오목한 국자에 캬라멜 원료를 녹인 검붉은 물에 감자가루를 타서 주면 연탄불에 올려놓고 저어가며 끓였다. 보글보글 거품이 나면서 끓으면 마지막에 아줌마가 설탕 한 숟가락을 넣어 주신다. 그 쨈을 입맛 다셔가며 먹었다. 일종의 감자풀에 설탕을 넣은 것이다. 지금 아이들에게 주면 싫다며 먹지 않았을 잼, 그땐 좀 더 먹고 싶어 바닥을 열심히 박박 긁어가며 맛있게 먹었다.

달고나는 설탕 덩어리인지 사탕 덩어리인지, 아무렇게나 잘려진 작은 덩어리를 뽑기 국자에 넣고 녹여 소다를 넣어 먹었는데 맛이 부드럽고 달았다.

뽑기 국자에 설탕을 한 숟가락 넣고 물을 조금 넣어 끓이면 거품이 보글보글 나면서 끓었는데, 설탕이 다 녹으면 소다를 넣어 부풀어 오르면 가만히 두었다. 국자를 불에 살짝 올려 밑이 녹을 때 나무젓가락으로 밀어 국자와 분리해 냈다. 그것을 그때는 소다빵이라 불렀다.

또 설탕을 녹여 소다를 넣지 않고 틀에 부어 사탕도 만들어 먹었는데, 세상에 그렇게 맛있는 사탕이 또 있을까?

가끔 연극이나 뮤지컬을 보러 대학로에 있는 소극장을 찾는데 뽑기 파는 아줌마를 본다. 솔솔 피어나는 뽑기 냄새는 기억 저편으로 나를 이끈다. 아! 아!

지나간 시절의 그리움이여!

어머니의 장바구니

어머니는 저녁해가 뉘엿뉘엿 넘어가는 우수막에 이백 원을 가지고 장을 보러 가신다. 지금의 대형마트도 폐장하는 늦은 밤은 50프로 할인이니 원플러스원이니 하며 상하기 쉬운 생선이나 야채를 싸게 파는 것과 같이 신선함이 쉬 떨어지는 물건을 싸게 팔기 때문에 꼭 우수막에 가신다.

시장바닥에는 배추 겉의 푸른 잎이나 벌레 먹은 야채가 버려져 수북이 쌓여 있다. 어머니는 그것 중 괜찮은 것을 골라내어 배춧국을 끓였고 새끼줄에 꿰어 말려 시래기 무침을 하셨다.

지금 마트에 진열된 야채는 농약 성분이 많아서 벌레 먹은 것은 찾아보기 힘들고 유기농이라며 파는 야채는 값이 많이 비

싸다.

어머니의 반찬은 무기질과 비타민이 풍부한 웰빙 건강음식이다. 어머니는 떨이로 장을 보아 오셨다. 이른 아침 두부장사 아저씨가 딸랑딸랑 종을 흔들며 따끈한 두부와 비지를 팔았고 남은 것은 장에 내다 팔고 파장 때 떨이로 판다. 그것을 어머니가 사오신다.

뜨거운 여름날 어머니가 사 온 두부에서 쉰 냄새가 엷게 나기도 했다. 어머니가 장에 간다고 장바구니를 꺼내면 “나도 갈래, 나도 갈래.” 하며 어머니 치맛자락을 잡

고 떼를 썼다

혹시 장 보며 맛난 것을 사주시지 않을까 기대하면서, 어머니를 따라간다고 떼를 써서 나와 동생이 따라갔다. “빨리 가자, 빨리 가자.” 이곳저곳을 돌아다녔고 장을 본 장바구니를 같이 들고 오라며 나와 동생에게 건넸다. 간식은커녕 빨리 올 수 없느냐 핀잔을 듣고 무거운 장바구니를 들었다. 힘만 들고 소득이 없었던 나와 동생은 다시는 시장 가는 어머니를 따라간다고 절대로 떼 쓰지 않았다.

연탄불

가스레인지, 전자레인지, 전기그릴 등 지금은 음식을 조리하는 기구나 종류가 다양하고 화력도 마음대로 소설할 수 있다. 그땐 대부분 연탄불로 난방과 조리를 겸하여 했다. 겨울에 부뚜막 아궁이 연탄불에 요리를 하였고, 더운 여름엔 이동할 수 있는 연탄풍로에서 음식을 익혔다.

아궁이에 불을 넣어 방 안을 덥히고 평상시에는 솥에 물을 부어 따뜻한 물을 쓸 수 있었다. 허리를 구부려 엎드려서 음식을 해야 했기 때문에 가끔씩 허리를 두드리며 아픈 허리의 통증을 풀어 주어야 했다.

쌀을 씻고 물을 부어 솥에 앉히고 연탄불로 밥을 할 때 연탄불 위에 별모양의 삼발이를 얹고 솥을 올린다. 화력이 좋으면 금방 끓어올라 밥물이 뚝뚝 떨어지려고 했다. 그러면 아래 공기구멍으로 뚫어 놓은 구멍을 못 쓰는 양말이나 헝겊 조각으로 똘똘 뭉친 뭉치로 막아 화력을 조절했다. 밥이 다 되어 가면 동그란 모양에 가운데 구멍이 뚫린 연탄 덮개를 덮고 솥을 올려 밥의 뜸을 들였다. 밥 익는 냄새가 고소하게 나면 솥을 들어내 주걱으로 훌훌 털어 놓고 연탄불에 석쇠를 올려 굵은 소금을 솔솔 뿌린 고등어를 앞뒤로 뒤적이며 구워 먹는데, 연탄불에 구운 자반고등어는 목에서 목탁 소리가 날 정도로 맛있다.

연탄불 하나로 밥을 짓고 반찬도 만들고 빨래도 삶고 방도 덥히고 전천후 마이더스로 썼다. 연탄불 위에 돌멩이를 올려놓고 구워 먹는 군고구마, 배에 칼집을 넣고 구워 먹는 군밤, 밤이 익으면 껍질이 벗겨지며 노란 속살이 드러난다. 기름과 소금을 바르지 않은 김을 앞뒤로 뒤적이며 구워 한 장씩 주면 조금씩 떼내어 까만 진간장에 콕 찍어가며 아껴 먹었다.

연탄불 위에 풋고추와 애호박을 송송 썰어 넣고 멸치를 넣어 뚝배기에 끓인 된장국, 부글부글 끓어 넘치면 가스불은 꺼졌을 것이나 연탄불은 된장국물을 흡수해서 수증기로 날려 버렸고 맛있는 뚝배기 된장국이 되었다.

연탄불로 지은 밥을 푸고 나면 솥바닥에 꼭 누룽지가 남는다. 아삭거리는 누룽지는 세상 어떤 과자보다 구수하고 맛났다. 가끔 눌어붙은 누룽지를 박박 긁어 먹었고 미처 안 긁어지는 누룽지에 물을 부어 숭늉을 만들었다

구수한 숭늉은 커피나 여타의 차보다 맛이 깊고 밥알 한 톨도 버리지 않고 알뜰하게 먹을 수 있으며 설거지도 아주 쉬웠다.

누룽지 건더기를 숟가락으로 떠먹고 구수한 숭늉을 후식으로 마시며 덜 찬 배를 채웠다.

오뎅

생선 뼈를 갈아 녹말가루로 반죽한 것을 네모지게 또는 둥글게 만들어 잘게 썬 야채와 섞은 반죽을 튀겨 파는 오뎅 공장이 용두동에 있었다.

아버지는 파치라 하여 잘못 튀겨지거나 모양이 바로 잡히지 않고 튀겨져 팔 수 없는 오뎅을 한곳에 모아놓은 파치를 적은 돈으로 많은 양을 사 오셨다.

어머니는 양을 늘리려고 감자를 깍두기 모양으로 잘라 넣고 오뎅에 진간장과 마늘을 다져 넣고 밑반찬을 만들어 조그만 항아리에 졸여진 감자와 오뎅을 담아 뚜껑을 닫아놓고 끼니마다 내놓으셨다. 우리는 자주 먹는 푸석한 감자보다 쫄깃한 오뎅을 서로 먹으려고 쟁탈전을 벌였다.

어머니는 경상도 합천에 있는 외갓집을 일 년에 한두 번 가신다. 한 번 가면 삼사 일 있다 오는데, 그때는 꼭 밑반찬으로 까만 오뎅과 감자 조림한 것을 항아리에 준비해 놓으셨고 막냇동생만 데리고 외갓집을 가셨다.

우리는 어머니 부재의 섭섭함이나 걱정은 나중 문제이며 당장 맛있는 오뎅 조림을 먹으려고 항아리째 갖다 놓고 마구 먹어치웠다. 지금은 지천에 널려 무심히 쳐다보는 오뎅이 왜 그렇게 맛있었는지……. 김치찌개에 오뎅을 넣고 끓여주면 찌개 냄비에서 오뎅 건져 먹으려고 숟가락 여섯 개가 냄비 속에서 보물찾기를 했다. 밖에서 뛰어놀다 집에 와 어머니 몰래 항아리 뚜껑을 열고 씻지도 않은 손을 집어넣어 오뎅을 집어먹고 안 먹은 척 소리 나지 않게 뚜껑을 닫아놓고 두 손가락에 짠물이 빠지도록 쪽쪽 빨았다.

연탄가스

지금은 보일러로 난방을 하여 추울 때 빨리 방을 덥히고 방이 더우면 보일러 온도를 낮춰 온도를 조절한다. 그땐 연탄불로 방을 덥혔는데, 가난했던 육십년대는 연탄가게에서 낱장의 연탄을 사 와 난방을 했다. 끝에 매듭을 지은 새끼줄을 한곳에 쌓아놓고 손님들이 연탄을 사러 오면 연탄 한 장 또는 두 장을 꿰어 팔았다. 새끼줄에 꿰어진 연탄을 조심스럽게 사가지고 가다 미끄러워 엉덩방아를 찧기라도 하면 제 다친 것은 아랑곳하지 않고 연탄이 깨어졌을까 쿵쾅거리는 가슴을 쓸어내렸다.

아궁이에 검은 빛이 조금만 남은 연탄을 가위처럼 생긴 긴 연탄집게로 꺼내 놓고 다타 버린 밑의 연탄을 꺼낸 뒤 먼저 꺼낸,

불씨가 남은 연탄을 넣고 새로 사온 까만 연탄을 얹고는 공기구멍을 맞추어 연탄불을 갈아 주어야 방이 식지 않았다.

연탄에는 십구공탄, 구멍이 더 많은 연탄이 있는데, 대부분은 열아홉 개의 구멍이 뚫린 원기둥 모양의 연탄을 사용했고 구공탄이라 불렀다.

아랫목은 쩔쩔 끓어 노란 장판이 거뭇해졌지만 윗목까지 불기운이 닿지 않아 윗목은 냉골이었다. 천장이 높은 집은 외풍이 심했다. 방이 식지 않게 아랫목에 솜이불을 덮어놓아 열을 이불 밑에 잡아두었다. 추위에 벌벌 떨다 방으로 들어와 아랫목 이불 속에 발을 뻗으면 온몸의 추위가 사라지고 졸음이 몰려왔다. 그래서 아랫목을 떠나기 싫었다.

영하의 추운 날씨에 불을 세게 피우면 아랫목에 발을 뻗기 뜨거워 이불을 깔고 뻗었다. 창호지 문 빈 틈 사이로 칼바람이 들어왔다. 찬 바람을 막으려고 문 안쪽 틀에 틈을 가리는 창호지를

덧대어 문풍지를 발랐다.

갈라져 있는 방바닥 사이로 연탄이 불연소되면서 뿜어내는 일산화탄소가 방 안에 퍼지면 잠을 자던 사람은 일산화탄소에 질식되어 목숨을 잃거나 멍청한 사람이 됐다.

잠 자던 가족 중 소변을 보려고 일어났다 머리가 핑 돌면서 쓰러지는 사람 때문에 잠을 깬 식구들은 방문과 창문을 열고 장독 뚜껑을 열어 얼음이 둥둥 떠 있는 동치미 국물을 벌컥벌컥 들이켜게 했다.

나도 연탄가스에 질식돼 속이 메스껍고 머리가 띵하고 어지러워 비틀거린 경험이 있다.

다행히 방바닥에 난 틈은 작아서 틈을 메워 방바닥을 보수했다. 어머니는 우리들이 방에서 뛰어놀면 구들 꺼진다고 앉아서 놀게 했다.

하얗게 변해 버린 연탄에 불씨가 남아 있으면 물을 부어 불씨를 꺼뜨렸는데, 하얀 수증기가 뭉게뭉게 피어올랐다. 겨울이면 '꺼진 불도 다시 보자' 라는 포스터가 골목 곳곳 담벼락에 붙었다.

사내아이들은 불씨 남은 연탄에 오줌을 누어 불씨를 꺼뜨리기도 했는데, 지린 냄새가 온 동네에 풍겨 코를 감싸쥐게 했다.

옷

어머니는 옷을 사실 때 꼭 넉넉한 치수의 옷을 사셨다. 소매도, 바지 밑단도 두 번 이상 접어 입었다. 연년생인 우리 남매들은 내리 내리 물림하여 옷을 입었다.

1968년 2월 입학 전 적응교육, 지금의 오리엔테이션으로 이 닦고 세수하고 머리 빗고 깨끗하게 한 다음 인사하고 학교에 와야 한다는 것을 노래와 율동으로 배웠다.

둥근 해가 떴습니다. 자리에서 일어나서
제일 먼저 이를 닦자 윗니 아랫니 닦자.
세수할 때는 깨끗이 이쪽 저쪽 목 닦고

머리 빗고 옷을 입고 거울을 봅니다.
꼭꼭 씹어 밥을 먹고 가방 메고 인사하고
학교에 갑니다~ 씩씩하게 갑니다.

초등학교 1학년 무릎과 팔꿈치가 해진 빨간 내복을 입고 어머니가 처음 사 준 소매와 바지 밑단을 몇 번 접어 올린 새옷을 입고 하얀 손수건에 노란색 이름표를 가슴에 달고 기분 좋게 입학식을 했다.

우리 반 담임은 현순자 선생님이었다. 친구들 이름을 모두 부르신 선생님은 노래 부를 친구 손을 들게 하셨다.

적십자 보육원을 다닌 내 이력은 친구들 앞에서 단연 돋보였다.

아저씨 아저씨 우체부 아저씨
큰 가방 메고서 어딜 가세요
큰 가방 속에는 편지 편지 들었어
둥그런 모자가 아주 멋져요
편지요 편지요 옳지 옳지 왔구나
시집간 언니가 내려온대요

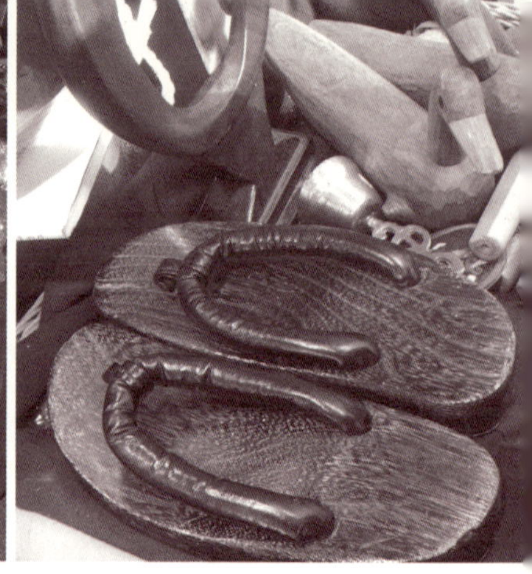

내 노래가 끝나고 노래를 부르겠다 손 드는 친구가 없었다.

학교가, 분위기가 서먹하고 단체 생활이 처음인 친구들이 많았다.

또다시 손을 번쩍 들고 앞으로 나가 적십자 보육원에서 배운 춤과 노래를 신나게 했다. 누런 콧물이 자꾸 흘러내렸고, 가슴에 이름표와 함께 단 하얀 손수건에 콧물을 닦았지만 주체할 수 없이 흐르는 콧물은 손수건을 다 적시고도 모자랐다.

접었던 소매를 끌어내 코를 닦고 다시 소매를 접고 접었던 소매가 콧물에 딱딱해지면 더 이상 소매를 풀어 닦을 수 없기에 접혀진 소매로 흐르는 콧물을 쓱 문질러 닦았다. 소매끝은 콧물이 말라붙어 반질반질했다. 쓱 문질렀던 콧물이 얼굴에 말라붙어 얼굴에 코딱지가 생기기도 했다. 그렇게 입었던 옷은 두서너 해가 지나 동생에게 물림 됐고 낡아 해지면 다른 천을 덧대 꿰매 입었는데, 무릎과 팔꿈치는 빨리 해졌다.

더 낡아지면 걸레로 변신을 했다. 어머니가 설빔으로 새옷을 사주시면 설날까지 입지 않고 바라만 보며 그저 행복했다.

지금은 멀쩡한 새옷이 싫증난다고 버리고, 유행이 지났다고 버린다. 불과 40여 년 전의 일이다. 우리나라가 그동안 비약적인 발전을 하여 잘살게 된 것은 확실하다.

1960년대 너무 못살아 혼분식 장려 운동에 도시락 싸오지 못한 친구도 많았는데…….

부스럼딱지

육십년대 어렵고 힘든 시절 집집마다 아이들이 적게는 서너 명, 많게는 일곱, 여덟 명이었다. 먹고 입히고 씻기며 보살피기에 힘이 부친 시절이었다.

아이들은 그런 환경에 잘 적응했다. 못 갖는 것, 못 먹는 것, 못 입는 것을 불평하지 않았고 형제끼리 서로서로 돌봐주며 자랐다.

머리는 잘 감지 못해 까만 이들이 스멀스멀 기어다니다 하얀 알들을 머리에 까놓고, 몸에는 허연 이가 기어다니며 옷솔기 사이에 하얀 알들을 까놓았다. 머리가 가려워 벅벅 긁으면 상처가 생겼다. 상처가 아물려고 딱지가 앉으면 가려움이 심해 더 힘껏 긁어 진물이 흘러내려 냄새가 났다. 머리카락이 진물에 말라붙어 빗질을 할 때 아팠다.

얼레빗은 머리를 빗을 때 사용하고 참빗은 이를 잡을 때 사용한다. 참빗은 대나무를 가늘게 잘라 만든, 사이가 촘촘한 빗으로 머리를 빗으면 까만 이가 뚝뚝 떨어졌다.

날짜 지난 달력을 떼어내 하얀색 면을 위로 가게 펼쳐 놓고 그 위에다 참빗질을 하면 까만 이가 몇 마리씩 떨어졌다. 까만 이는 손바닥으로 내려쳐도, 주먹으로 내려쳐도 죽지 않았다. 꼭 엄지 손톱을 사용해 바닥에 눌러 잡았는데, 톡 터지며 죽는 감촉이 재미있었다.

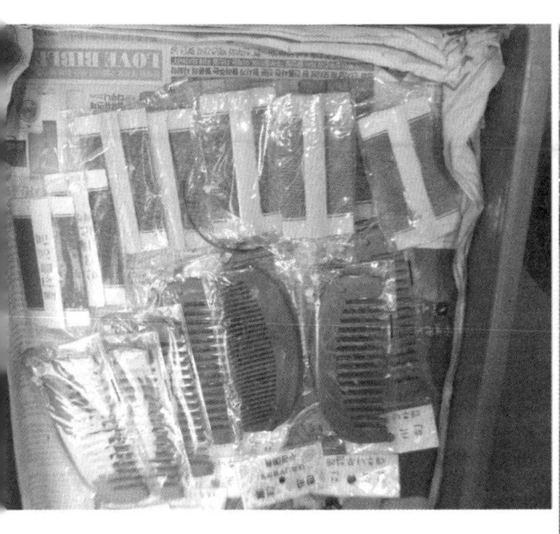

만미당

숭인동 찻길가에 만미당이라는 중국집이 있었다. 어머니는 별미로 짜장면을 해 주셨는데, 냄비와 얼마의 돈을 쥐어주며 만미당에 가서 짜장된장을 사오라 하셨다. 춘장을 그렇게 불렀다.

냄비를 들고 만미당을 들어가면 손님들이 삼삼오오 앉아서 통통한 짜장면을 먹는데 냄새가 아주 좋았다.

만미당은 항상 사람들로 붐볐다. 냄비를 내밀고 한참을 기다려야 기름에 볶은 짜장된장을 사올 수 있었다.

나는 기다리는 동안 주방에서 일하는 아저씨에게 눈을 뗄 수 없었다. 밀가루반죽을 밀어 양손에 쥐고 바닥에 반죽을 치면 반죽이 늘어나고 그 반죽을 반으로 접어 늘여 또 바닥에 힘껏 쳐 반으로 접고 하기를 여러 번 하면 통통한 짜장면 면발이 나왔다. 마치 마술을 보는 것 같았다.

어머니는 사온 춘장과 야채를 볶아 섞은 것을 가느다랗게 삶은 국수 위에 얹어 주셨는데 아주 맛이 있었다. 이 세상에서 제일 맛있는 음식이 짜장면인 줄 알았다.

만미당 뒷벽과 붙어 순대 만드는 집이 있었다. 긴 돼지창자에 깔때기를 끼워 순대 속을 밀어 넣고 커다란 솥에 완성된 순대를 돌려가며 삶았다. 동네 사람들은 냄비를 가져가 순대를 삶아 건져낸 물을 받아와 야채를 넣고 끓여 먹었다. 가끔씩 터져 나온 순대 속 덩어리가 제법 들어 있었다. 한번은 그것을 먹고

설사를 한 뒤 다시는 순대 삶은 물을 얻어오지 않았다.

만미당 혁이는 같은 반이었다. 혁이가 입었던 옷이나 가지고 다녔던 학용품들로 보아 혁이는 넉넉한 가정의 아이였다. 추석이 지나고 학교에 가니 혁이가 천연색의 바지저고리를 입고 있었고, 뒤이어 여자 반장이 색동의 치마저고리를 입고 들어왔다. 눈부시게 예뻤다. 동화 속 왕자님과 공주님 같다 생각했다.

친구들은 새신랑 같고 각시 같다고 놀렸다. 혁이는 그 소리가 싫지 않은지 웃기만 했다.

가방 검사

오늘도 여지없이 가방 두 개가 대문 밖으로 던져졌다. 책받침, 책, 연필 등이 가방에서 쏟아져 나와 길바닥에 나뒹굴고 가방이 던져지는 아이는 쫓아나가 각자의 학용품을 주섬주섬 챙겨 가방에 넣고 훌쩍거렸다.

아버지는 불시에 가방 검사를 잘 하셨다. 아버지는 겨우 한글만 떼고 학교 문턱도 밟아보지 못하셨고, 그래서인지 책가방에 대한 집착이 강하셨다.

아버지 나름의 기준이 있었다. 책과 공책은 가지런히 넣어져 있어야 하며 한 장이라도 빈 공간을 남기고 다음 장으로 넘어가면 불호령을 내리셨다. 연필은 몇 자루 잘 깎여 필통에 가지런히 놓여 있어야 했고, 짧아진 몽당연필은 볼펜대에 끼워 아버지 새끼손가락 한 마디 정도까지 사용해야 했다.

내 보물 1호였던, 군데군데 끊어져 매듭이 여러 개 있는 까만 고무줄, 엉켜지면 풀기 힘들어 왼손을 쫙 펴 손가락 네 개를 붙이고 오른손으로 가지런히 감아 묶어 가방 한구석에 숨죽이고 있는 보물 1호가 발각되면 여지없이 아버지께 빼앗겼다. 다섯 개의 반질반질 손때 묻은 자그마한 공깃돌도 여지없이 빼앗기고 대문 밖으로 던져졌다. 하라는 공부는 하지 않고 잡기만 가지고 논다며 엄하게 꾸중하셨다. 나는 빼앗긴 아쉬움에 뜨거운 눈물이 뺨을 타고 주룩주룩 많이도 흘러내렸다.

아버지는 아이들 애정이 남다르셨다. 혹시 학교에서 늦게 오면 동네를 찾아다녔고 학교 화장실 문을 모두 열고 긴 장대로 화장

실을 뒤적이기도 했다. 혹 당신 아이가 재래식 학교 화장실에 빠지기라도 한 것처럼…….

학년말이 되어 새 책을 받아오면 종이 중간도매상을 하는 아버지는 투명비닐을 잘라 교과서 겉표지를 싸주셨다. 망치를 연탄불 위에 올려놓고 달구어 안으로 접은 비닐에 열을 가해 비닐을 늘여 붙여 겉표지를 곱게 싸주셨다. 친구들은 해 지난 달력장을 떼 내고 뒤집어 책표지를 쌌다. 국어책, 도덕책, 책 이름과 학년 반을 썼는데 투명한 내 책은 국어, 도덕을 쓰지 않아도 어떤 책인지 금방 알 수 있었다. 친구들이 신기해 하며 내 책을 들어 보이면 기분이 좋아 친구들에게 뽐냈다.

또 아버지는 밤색 털모자에 하얀 목상갑을 끼고 가죽잠바 차림으로 수업시간에 교실 앞문을 드르륵 열고 선생님께 군고구마나

과일이 들어있는 봉투를 내미셨는데 "누구야, 누구" 친구들의 웅성거림에 얼굴이 귀밑까지 빨개지고 부끄러워 가슴이 쿵쾅거렸다. 학교 미술 시간, 음악 시간에 무슨 그림을 그렸는지, 무슨 노래를 불렀는지 말씀하시면 "아, 오늘도 아버지가 교실 창문으로 공부한 것을 보고 가셨구나!" 생각했고, 혹시 아버지가 보시고 있지 않을까 선생님 말씀을 바른 자세로 열심히 들었다.

여섯 명이나 되는 우리 형제들 그렇게 일일이 챙겨주신 아버지, 그 사랑을 먹고 컸기에 튼튼하고 올곧게 자랄 수 있었다.

친구들 책받침은 예쁜 인형, 동물, 풍경 사진이 멋졌고 뒷면은 구구단이 인쇄되어 있었다. 예쁜 책받침 갖는 것은 언감생심이었다. 종이 중간상인 아버지표 책받침은 방바닥에 까는 비닐장판을 책받침 크기로 자른 것으로 무료에 잊어버려도 표시 나지 않고 그래서 야단 맞을 리도 없었다. 하지만 친구들 앞에서 아버지표 책받침 꺼내는 것은 코딱지만 한 자존심과 부끄러움 때문에 힘들었다. 거친 공책 면과 뭉툭하고 흐린 연필심 때문에 어쩔 수 없이 책받침을 꺼내야 될 상황이 오면 한 바닥의 글을 쓰고 재빨리 책받침을 다음 공책장 밑에 밀어 넣었다.

돈

손님이 어쩌다 주고 간 돈 10원, 잃어버릴까 손에 꼭 쥐고 있으면 손에 땀이 배어 손바닥에 푸릇한 돈 자국이 생긴다. 어머니 허락없이 돈을 가지고 나가 사먹는 것은 아주 나쁜 일이라 여겼다.

돈을 입속에 넣고 빨기도 했는데, 동전이 목구멍 속으로 꼴딱 들어가 버리면 무서워 어머니께 동전을 삼켰다 말했고 어머니는 큰일 보고 싶으면 말하라 하시며 종이를 깔고 변을 보게 하셨다.

변을 보고 나면 어머니는 나무젓가락으로 변을 뒤적여 10원짜리 동전을 찾아냈다. 10원 동전은 뱃속에서 까맣게 변해서 똥과 함께 몸 밖으로 세상구경을 나왔다.

어머니는 똥에서 나온 10원 동전을 씻고, 20원의 동전을 더 주

시며 B여관 골목을 돌아 도넛과 호떡 가게가 즐비한 곳으로 심부름을 보내셨다. 도넛을 사오라 하셨는데, 사기 전에 30원 어치의 도넛을 사면 덤으로 하나 더 주는지를 꼭 물어 보고 사라시며 신신당부를 하셨고 나는 아저씨께 덤으로 하나씩을 꼭 더 받아 왔다.

똥 속에서 태어난 10원 동전과 바꾼 도넛은 달콤한 꿀맛이었고 7개의 도넛 중 2개는 항상 남동생 몫이었다. 은행이 있었지만 나는 은행이 무엇을 하는 곳인지, 어디에 있는지 알지 못했다.

세뱃돈을 받으면 잃어버릴까 봐 양말 속에 넣어 두었다 손에 쥐고 있다를 반복하다가 어머니께 맡겨 놓았다. 하지만 어머니께 맡긴 세뱃돈은 돌려받은 기억이 없다.

지금은 10원 동전의 크기가 작게 만들어져 태어난다. 옛날 일

원짜리 동전 크기다. 일원짜리 동전을 주면 커다란 눈깔사탕 두 개를 주었다. 우리들은 돌려가며 오랜 시간 눈깔사탕을 빨아 먹었다. 어머니는 처음부터 아예 이로 깨물어 사탕을 깨서 조각을 나누어 주셨는데, 빨갛고 노란 사탕은 참 달았다.

동대문 실내 스케이트장

동대문구 창신동 문구 도매점 입구에 실내 스케이트장이 있었다. 지금은 종로구로 구가 변경되었다. 스케이트장에 입장하려면 입장료를 내야 하기에 한 번도 들어가 본 적이 없었다. S아이스크림회사에서 아이스크림을 포장했던 껍질 스무 장을 모아오면 스케이트장 입장을 시켜 주었다. 어쩌다 두 장을 손에 넣은 나는 길에 떨어진 아이스크림 껍질을 찾으려고 땅만 보고 다녔다. 어쩌다 S아이스크림 껍질을 발견하면 소풍 때 보물찾기에서 찾은 보물보다 더 신났다.

그렇게 예닐곱 장 모았을 때 창신동 고개 중간쯤에 위치한 동덕여자중 · 고등학교(지금은 서울 서초구 방배3동)으로 이전한

CURIO GALLERY
표구

학교 앞 상점에 중학교, 고등학교 언니들이 사먹고 버린 S아이스크림 껍질이 쓰레기통에 그득했다. 쓰레기통을 뒤져 아이스크림 껍질을 꽤 많이 모았다. 매일 동덕여자중 · 고등학교 앞 상점을 찾아 백여 장의 껍질을 모아서 식구들과 스케이트장에 입장하였다. 삶은 고구마와 물통도 준비해 가지고 완전 소풍을 갔다. 문을 열고 스케이트장에 들어서자 사람들은 많지 않았다. 얼음을 지치는 예쁜 새 같은 아이들 몇 명이 몸에 딱 달라붙는 예쁜 원피스를 입고 얼음 위에서 바쁘게 돌며 뛰며를 했다.

몸에 땀이 마르고 시원했다. 스케이트는 신지 않았지만 미끄럼을 타려고 고무신 차림으로 빙판 위에 올라섰다 엉덩방아를 여러 번 찧었다. 아저씨 몇 명은 커다란 나무삽으로 빙판 위의 물을 밀어 한쪽 구석으로 보냈다. 시간이 지나자 재미가 없고 입술이 퍼렇게 되며 몸이 덜덜 떨렸다. 추위를 참을 수 없어 밖으로 나왔다. 또다시 S아이스크림 껍질을 모아 담요까지 준비해 가서 하루 종일 놀았다.

그렇게 두 번 동대문 실내 스케이트장을 갔다. 지금은 아련한 기억 저편에 고이 간직되어 있는 아름다운 날들이다.

부채

에어컨을 빵빵하게 틀어 냉방병이 걸릴 만치 실내가 시원하다. 길을 걷다 더위가 참기 힘들면 은행에 들어가 땀을 식히며 차가운 물 한 모금 마시고 잠시 쉬었다 은행 문을 밀고 나오면 숨이 턱 막히며 뜨거운 열기가 온몸을 감싼다. 지금은 얼음조끼, 모터 달린 손선풍기 등 더위 식히는 편리한 기구들이 나와 있고, 관공서나 큰 건물에 들어가면 냉방이 잘 되어 시원하다.

예전엔 집집마다 부채가 몇 개씩 있었다. 커다란 종이부채는 가볍고 커서 몇 번 흔들면 땀이 식었고 나이롱 부채라 하여 플라스틱으로 만든 부채가 집집마다 몇 개씩 있었다. 값이 싸고 튼튼해 몇 년씩 사용해도 고장이 없다.

길거리엔 커다란 플라스틱 통에 얼음 덩어리를 집어넣고 오렌지색 또는 회색의 냉차를 리어카에서 한 잔에 일원, 이원에 팔았다. 얼음을 대패로 밀어 틀에 꾹꾹 눌러 담고 나무막대를 끼우고 빨강, 노랑, 주황색의 이름 모를 액체로 색깔을 낸 얼음과자를 팔았다. 수박 장수는 수박을 잘라 세모난 조각을 팔았는데, 수박 장수 아저씨의 리어카 옆에는 상큼한 수박 냄새가 진동을 했다. 나는 깊게 숨을 쉬어 수박 냄새를 맛있게 맡았다.

우리는 번갈아 가며 스무 번씩 부채 부쳐주는 놀이를 했다. 남이 부쳐주는 부채는 더 시원했고, 순서가 올 때까지 기다리는 인내와 셈 익히기로 친구들과의 사회성도 길렀다.

땀 흘리며 음식하는 어머니께 부채를 부쳐 드려 효도를 했고 선생님께 서로 부채 부쳐 드리려고 경쟁도 했다. 너무 더우면 큰 고무다라이에 물을 담아 물속에 들어가 놀았다. 고무다라이는 수영장이고 풀장이었다.

저녁 때 어머니는 모기향을 피워놓고 커다란 종이부채로 길게 반원을 그리며 바람을 일으켜 달려드는 모기도 쫓고 시원하게 잠을 잘 수 있게 해주셨다. 가볍게 부딪히는 바람이 점점 느려지는 것을 느끼다 잠이 들곤 했다. 부채는 기분에 따라 부드러운 바람, 강한 바람, 끊어지는 바람, 돌아가는 바람으로 마음대로 바람을 낼 수 있고, 비용도 들지 않는다.

선풍기는 각 가정 재산목록에 들어갔다. 학기 초 가정환경조사서에 풍금, 자전거, 오토바이, 재봉틀, 선풍기…… 등의 유무를 적어냈다.

선풍기 앞부분을 잡고 스위치를 누르면 윙 소리가 나고 선풍기 날개가 돌지 않는 위험한 장난도 했다. 서로 자기 앞으로 바람이 오게 하려고 선풍기 고개를 이리저리 잡아 당기기도 했고, 선풍기를 틀어 놓고 앞에 얼굴을 바싹 대고 소리를 지르면 울림이 재미있었다. 손가락을 넣을까 말까 아슬아슬한 장난도 했다.

더운 여름 커다란 종이부채, 동양화가 그려져 있으면 더 좋겠다. 큰 종이부채를 들고 서서히 바람을 일으키며 옛 정취에 젖어 보는 것도 좋을 듯싶다.

술래

동네 아이들과 숨바꼭질을 한다

꼭꼭 숨어라
머리카락 보인다.
꼭꼭 숨어라
옷자락이 보인다.
어디어디 숨었나

육칠십 년대는 아이들이 무척도 많았다. 고무줄, 줄넘기, 공기

놀이, 제기차기, 땅따먹기, 비석치기…….

수없이 많은 놀이가 있었다. 돈도 들지 않았고 규칙도 바꾸어 가며 잘도 놀았다.

술래도 하고 이기기도, 지기도 했는데 숨바꼭질에서는 들키기 싫었다.

저녁 무렵 숨바꼭질을 하면 나는 들키기 싫어 집 안에 숨었고 술래는 꼭 나를 찾지 못했다. 그러다 "못 찾겠다 꾀꼬리" 술래가 외쳐도 듣지 못해 술래는 나를 찾아 온 동네를 헤매 다녔다. 그러기를 여러 번, 매번 집 안에 들어가 숨어있는 것을 친구들이 알아 버렸다. 찾다 찾다 지쳐 버렸던 친구들은 숨바꼭질에 나를 끼워주기 싫어했다. 어쩌다 끼워주면 또 집 안에 숨어 술래를 지치게 했다. 왜 그랬는지…….

친구들아, 미안하다.

지은 죗값은 받아 마땅하지만 숨바꼭질 놀이에 왕따시키는 친구들이 야속했다.

숨바꼭질 했던 그 시절로 돌아간다면 술래 열심히 하고 들키기 싫어하는 친구들은 찾아도 모른

척해 줄 텐데…….

골목길 여기저기서 '꼭꼭 숨어라, 못 찾겠다 꾀꼬리' 소리 또 다시 들을 수 있을까.

채집

아이들은 신나는 여름방학 어머니는 괴로운 여름방학이다. 방학숙제로 문제집 풀기, 모으기, 일기 쓰기, 그리기, 만들기, 식물채집, 곤충채집…… 등이 주어졌다. 모으기 숙제는 과자, 사탕봉투 속에 상표를 시험지에 붙여 모아 까만색 철끈으로 묶어 완성했다. 과자, 사탕껍질의 상표와 껍질에 그려진 그림들을 모으고 붙이며 색채감각을 익히고 눈과 손의 협응력도 키우며 아름다움의 미적 감각도 키웠다.

식물채집은 못 쓰는 헌책과 숟가락을 가지고 집에서 네다섯 정거장 떨어져 있는 장충단공원이 있는 남산으로 갔다. 식물 뿌리까지 다치지 않게 하려고 숟가락으로 땅을 파고 풀을 뽑아 책갈

피에 넣었다. 곤충채집은 잠자리와 나비를 잡아 과자 상자 통에 넣었는데, 작은 벌레들이 생겨 징그러웠다. 그래서 다시는 곤충채집 숙제를 하지 않았다.

식물을 넣었던 책을 두꺼운 돌로 눌러놓았다 꺼내어 마분지 위에 붙이고 그 위에 얇은 습자지를 덮었다. 식물 이름은 동네 할머니나 아주머니에게 물어보고 모르면 빈칸으로 두었다. 남양주시에 있는 다산문화원을 방문했는데, 초등학교 때 식물채집 한 방법으로 식물 전시를 해 놓은 것을 보고 "어머나!" 하고 탄성이 나왔다.

남산에 식물채집 하러 친구들과 같이 어울려 가는 것은 소풍보다 즐거웠다. 도시락을 싸고 물통에 수돗물을 받아서 갔다. 풀밭에 옹기종기 앉아 점심을 먹었는데, 선생님 없이 우리끼리 와서 인지 홀가분하고 자유로웠다. 급하게 도시락을 준비했기에 도시락 반찬은 김치, 짠지, 급하게 중 멸치를 고춧가루 푼 진간장에 묻힌 것이 반찬의 전부였다.

신문지를 깔고 매미소리와 정겨움을 밥과 함께 먹었다.

왈순아줌마

호박이나 감자를 숭숭 썰어 멸치로 국물을 낸 수제비는 맛이 그만이다. 특히 감자를 숟가락으로 으깨 국물을 탁하게 하여 수제비와 같이 먹으며 손가락으로 배추김치 쪽쪽 찢어 두 손가락 쪽쪽 빨아가며 한두 그릇 먹고 나면 이마에 땀이 송글송글 맺히며 행복하다.

손톱이라도 짧게 자른 날은 오른손과 왼손 두 개씩의 손가락은 봉숭아 물들인 것 같이 김칫물이 배어 빨갛게 되었다. 밀가루 반죽을 손으로 뚝뚝 떼어 넣고 끓인 수제비 말고 밀대로 밀어 마른 밀가루 뿌려가며 칼로 썰어 만든 칼국수도 해 먹었다.

칼국수는 손이 많이 가기에 국수가게에서 파는 젖은 국수를 사다 칼국수를 끓여 먹기도 했는데, 국수는 값이 싸서 서민들의 끼니를 해결하기에 안성맞춤이었다.

왈순아줌마라는 라면이 나왔다. 국수 값의 두 배보다 비쌌다. 끓여 놓으면 면이 꾸불거리고 위에 동동 기름이 뜨며 꼬들꼬들한 면발은 환상이었다.

명숙이와 길을 가다 종이에 싸여 있는 껌 한 개를 동시에 발견했다. "어, 껌!" 둘이 동시에 탄성을 질렀다. 나는 몸을 구부리며 손을 뻗었고 명숙이는 껌을 발로 밟으며 "내 꺼~"라고 외쳤다. 아뿔싸 손에 들어올 듯한 껌을 명숙이에게 빼앗겨 버린 나는 아쉽고 속상했다. 몸을 구부리지 말고 나도 발로 밟을 걸, 자꾸 껌이 눈에 밟혔다. 야속한 명숙인 껍질을 벗겨 홀랑 입 속에 넣었고 물끄러미 껌 씹는 명숙이 얼굴을 보며 군침만 삼켰다.

라면봉지 끝에 껌 하나를 보너스로 붙여 팔았는데, 앞집 사는 신혼살림의 작은어머니는 곧잘 라면 심부름을 시켰다. 봉투 끝 껌 생각으로 심부름 언제 시키나 내심 심부름이 기다려졌다. 껌을 입에 넣으면 달콤한 맛이 나며 씹어도 씹어도 줄어들지 않고 입 속에 남아 입을 심심하지 않게 했다.

하루 종일 껌을 씹다 밥을 먹거나 잠을 잘 때는 벽에 붙여 놓았다가 떼내어 또 씹었다. 단물 빠지고 벽에 붙어 있던 껌은 오랫동안 입 속을 지켰다. 벽에 붙여 놓은 껌을 뗄 때 벽지도 같이 떨어져 나오면 손으로 벽지를 떼어내고 또 씹었다.

단물이 다 빠진 누런색의 껌은 색다르게 창작해서 씹기도 했는데, 못 쓰는 크레파스의 작은 조각을 껌에 싸 같이 씹고 크레파스 조각은 뱉아 내기를 여러 번 하면 껌은 빨강, 파랑의 껌으로 재탄생 됐고 다시 누런색으로 돌아갔다. 그렇게 왈순아줌마 라면의 껌은 며칠씩 입 속에 살아서 생명을 이어갔다.

전차

땡땡땡 소리를 내며 도로 가운데 전차가 달린다. 시골 사람들은 전차를 한번 타기 위해 상경하는 사람도 있었다. 1980년대 63빌딩이 완공되었을 때도 참 많은 단체 여행객이 관람을 했다. 여러 명을 태운 기계가 움직인다고 하니 시골에서 전차 한번 타보려고 상경하는 것도 무리는 아니다.

지금 대형 빌딩이나 백화점의 엘리베이터는 사방이 유리로 되어 있어 밖을 내다볼 수 있고 아파트나 보통의 건물에도 엘리베이터가 있어 신기할 것도 없지만, 아버지는 친구분 병문안을 가서 엘리베이터 탄 것을 자랑스럽게 말씀하시곤 했다. 귀가 멍멍했다는 둥 커다란 방이 움직이며 위아래로 금방 오르내렸다는 둥 신나게 자랑을 했다. 그래서 나는 엘리베이터가 무엇일까 상상했다. 시골에서 상경해 전차를 타본 사람들은 그들 고향으로 돌아가 전차 타 본 것을 거짓말 조금 보태 신나게 자랑했을 것이다. 전차 삯은 5원의 거금이었기에 도로 위를 미끄러지는 전차는 나에게는 구경거리 그 자체였다.

일학년 소풍으로 창경원을 갔다. 서울 종로구 숭인동 숭신초등학교 소풍 장소는 종로에 있는 창경원. 조선시대 궁궐로 줄을 지어 재잘거리며 갔는데, 오전반과 오후반 10개 반으로 한 반 칠팔십 명의 아이들이 줄을 지어 가면 끝이 보이지 않았다.

소풍가방에 김밥과 사이다, 찐계란을 넣고 물통을 메고 걸어서 걸어서 소풍을 갔다. 창경궁은 1909년에 일제가 강제로 궁 안에 동물원과 식물원을 만들어 일반인들에게 관람 시켰다. 1911년에는 박물관을 짓고 이름을 창경원으로, 조선 궁궐의 위엄을 떨어뜨리며 놀이동산 개념으로 격하시켰다.

그림책에서만 보았던 커다란 코끼리, 호랑이, 사자, 원숭이, 기린, 곰, 하마…… 볼거리가 많았다. 나는 2학년인 언니가 학부모로 따라왔는데 학부모가 온 학생은 개인적으로 귀가를 했다.

일 이 학년, 집과 학교밖에 몰랐던 두 철부지는 넓은 창경궁의 출입구를 찾으려고 하루 종일 발이 부르트도록 돌아다녔지만 찾지 못했다. 일학년 꼬맹이 나는 다리 아프다, 겁난다며 눈물 콧물 범벅으로 창경궁 안을 돌고 돌다 마침내 같은 동네 학부형으로 따라온 할머니를 만났다. 구세주인 할머니와 처음 전차를 타보았다. 나무의자에 앉아 창밖으로 보이는 풍경이 재미있었다. 전차가 앞으로 가면 사람과 건물들이 뒤로 물러났다. 집에 갈 수 있다는 안도감과 비싼 전차 탄 것은 다음 날 친구들에게 많은 이야깃거리가 되었다.

전차는 8 · 15광복절 행사로 꽃단장해 거리를 지났고, 속도를 낮춘 자동차 위에 화장을 곱게 하고 화려한 옷을 입은 사람들이 행길가에 나온 구경꾼을 향해 천천히 손을 흔들어 주었고, 구경꾼들은 힘껏 박수

를 쳤다.

화려한 부채를 펼쳐든 사람, 춘향이, 이도령 분장을 한 사람들이 연이어 지나갔다. 볼거리가 많았던 광복절 행사는 축제였다. 1968년 말 전차가 완전히 사라지면서 보이지 않았다. 처음이자 마지막으로 딱 한 번 봄소풍 때 눈물 콧물 흘리며 타 보았던 전차는 아련한 기억 속 저편으로 사라졌다.

우리 집 강아지 뽀삐

아버지가 까만 강아지 한 마리를 사왔다. 이름을 '뽀삐' 라 지었다. 똥개라 하는데 그래서인지 뽀삐는 아무거나 잘 먹고 잘 자랐다. 뽀삐는 영리하고 똘똘했다. 특히 다섯째 동생은 뽀삐를 끔찍이 사랑했다. 밥도 주고 안아 주고 쓰다듬어 주었다. 목욕은 꼭 넷째가 시켰다.

우리는 뽀삐를 가운데 두고 빙 둘러 낮잠도 자고 까만 머리핀으로 뽀삐 귀도 파 주고 머리핀에 솜을 감아 귀도 닦아 주며 뽀삐와 지냈다.

어느 날 학교 갔다 돌아와 보니 뽀삐가 없었다. 어머니께 물어보니 아버지가 뽀삐를 팔았다 한다.

작은 집에 여덟 식구가 모여 사는 것도 좁은데 뽀삐가 한 식구가 되어 털을 날리고 똥도 싸고 귀찮아서 아버지가 팔았다며 어머니가 말씀하셨다. 나는 길게 편지를 썼다.

우리 뽀삐는 파는 동물이 아닙니다. 우리 친구이고 우리 가족입니다. 뽀삐를 사 가시면 뽀삐도 슬프고 우리도 슬픕니다. 제발 '뽀삐를 사지 않겠다' 아버지께 말해주시고 물러주시면 정말로 고맙겠습니다. 이런 내용의 편지를 써서 뽀삐를 팔게 한 복덕방 아저씨께 편지를 주며 뽀삐를 사간 사람에게 꼭 전해 달라 부탁하고 집으로 왔다. '든 자리는 몰라도 난 자리는 안다' 는 옛말처럼 뽀삐 없는 집은 쓸쓸했고 뽀삐가 차지한 자리가 컸었다는 것을 알았다.

몇 개월 지난 어느 날 다섯째가 친구집에 놀러 갔는데, 골목 안에서 커다란 개가 뛰어와 다섯째에게 뛰어들어 놀라 뒤로 물러섰는데 뽀삐였다는 것이다. 설마 하며 같이 가보았다. "뽀삐야, 뽀삐" 불렀더니 털에 윤기도 없고 몸집도 많이 큰 더러운 개 한 마리가 뛰어나와 나에게 꼬리를 흔들며 껑충껑충 뛰었다. 무섭기도 하고 겁 나기도 했는데 가만히 보니 뽀삐가 맞다. 그 뒤에도 다섯째와 몇 번 그 집을 갔었다. 뽀삐는 목 줄이 끊어질 듯 날뛰며 나오려 했다. 어떻게 알았는지 아버지는 개 주인이 우리가 왔다 가면 뽀삐가 밤에 자지 않고 끙끙거리며 울어 시끄럽다고 다시 오면 개장수에게 팔아 버리겠다며 다시는 찾아오지 말아 달라는 뽀삐를 사간 주인의 말을 전했다. 학교 생활도 바쁘고 예전 헤어짐으로 애틋했던 감정도 엷어지고 더럽고 살진 뽀삐 팔아 버린다는 엄포에 한동안 가지 않았다. 다섯째가 슬프게 말했다. "언니 그 집에 우리 뽀삐 없어." 다섯째는 몰래 갔었고 멀리서 보고 왔었단다.

"뽀삐! 지금은 어디 있니?"

깜장 병아리

'삐약삐약' 학교 앞에서 노란 병아리를 팔고 있다. 조그만 병아리 울음소리가 제법 당차다. 여러 마리들이 삐약거리며 아이들의 눈길을 사로잡았다. 솜털 같은 노란 깃털을 손으로 살짝 만져보니 보드랍고 따뜻하다. 병아리에게 온 정신이 팔려 있는데 '쿡쿡' 누군가 부른다. 쳐다보니 "병아리 갖고 싶니. 내가 줄까." 했다. 많이 갖고 싶지만 "아니" 하고 대답했다. "한참 병아리를 보던데" 하며 내 손을 잡아끈다. 집에 병아리가 있는데 주겠다는 친구를 따라 학교 앞 횡단보도를 건너 친구 집에 갔다.

지금은 서울 시민들의 휴식처인 청계천, 그 청계천 건너편 롯

데캐슬 아파트가 있는 자리에 삼일 아파트가 있었다. 시멘트 계단을 한참 올라 4층, 복도를 지나 가운데쯤에 있는 대문 열쇠 구멍으로 열쇠를 집어넣고 돌리니 문이 열렸다. 문 앞에는 까만 연탄이 쌓여 있고 연탄 옆 조그만 박스에서 '삐약삐약' 소리가 났다.

아파트에 사는 친구들은 부자라고 생각했는데 우리 집에서 보던 연탄, 찬장, 옷장……. 우리 집보다 조금 넓은 것 빼고는 별반 차이가 없었다.

친구는 박스를 집어 들고 나에게 건네며 "너 가져." 했다. 순간 믿기지 않았고 좋아서 "정말? 정말 나 가져도 돼? 나 돈 없는데……."

친구는 괜찮다고 손에 들려주며 친절하게 4층 계단까지 내려와 횡단보도 앞에서 손을 흔들며 배웅까지 해 주었다.

노랑병아리를 담아온 상자를 집으로 가져오자 난리가 났다. 예쁘다며 쓰다듬고, 만지고, 손바닥 위에 올려놓으며 수다를 떨어댄다. 쌀집으로 달려가 쬐끔만 달라고 사정하여 얻어온 좁쌀을 병아리 앞에 떨어뜨려 주니 '콕콕' 쪼아 먹는 것이 여간 예쁘지 않았다.

"배추 사려, 무 사려!" 야채를 싣고 팔러 온 리어카로 뛰어가 배추 몇 잎을 뜯어 병아리 앞에 놓아 주었다. 노랑 병아리는 '콕콕' 몇 번을 쪼는 것 같더니 눈을 게슴츠레 뜬다. 목이 마른가 보다 싶어 조개껍데기에 물을 떠 병아리 앞에 놓아주니 한 모금 입에 물고 하늘을 쳐다보며 물을 삼킨다. 그 모습이 앙증맞아 병아리를 안고 쓰다듬고 했다.

이불을 펴고 병아리 담은 상자를 머리맡에 놓고 잠자리에 들었다. '삐약 삐약' 소리가 시끄러워 잠들기가 쉽지 않다. 아버지는 시끄럽다며 "내다 버리라."고 버럭 소리를 지르고 병아리를 잘 갖고 놀던 형제들은 내가 가져온 병아리니까 모든 책임은 나에

게 있다는 표정과 행동을 한다. 아버지 버럭 지르는 소리가 천둥처럼 들리고 가슴이 쿵쾅거린다. 창호지 바른 방문을 열고 마당에 상자를 살짝 놓았다. 병아리 소리는 조금 약하지만 여전히 시끄럽다. 생쥐가 병아리를 해친다 했던 친구들 말이 떠오르자 다시 병아리를 방으로 데려 와야만 하는데 이 상황을 어찌 해야 할지…….

그렇게 안절부절못하고 비몽사몽간으로 날이 밝았다. 학교를 가야 하는데 집에 두고 가야 하는 병아리 걱정이 된다. 혹 생쥐가 물어 갈까, 고양이가 물어 갈까, 삐약거리는 소리가 귀에 거슬린다며 상자째 바닥에 내동댕이치는 아버지 모습도 떠오르고…….

수업 시간에 오만 생각이 들며 병아리의 여러 모습이 파노라마

가 되어 공부를 방해한다. 학교가 끝나기 무섭게 집으로 달려와 병아리 상자를 찾았다. 다행히 병아리는 상자 안에서 삐약거린다. 그런데 어제와는 다르게 삐약 소리가 힘이 없고 눈을 자꾸 감으려고 한다. '잠을 못 자 그러나! 잠을 자려나 보다' 했다.

어젯밤 자다 깨다를 하며 선잠을 잔 까닭인지 잠이 깊이 들었다. 이른 아침인데도 눈이 떠졌다. 병아리 상자에서 병아리 소리가 들리지 않는다. 쥐가 물어 갔나 놀라며 상자 안을 들여다보니 병아리 노란 털이 군데군데 뭉쳐져 있고 발 두 개를 쭉 뻗고 하얀 눈꺼풀이 덮인 채 가만히 누워 있다. 상자를 흔들어 병아리를 깨우려는데 병아리는 상자가 흔들리는 대로 이쪽으로 저쪽으로 밀려 갔다 밀려 온다.

가슴이 두근두근 방망이질을 한다. 몇 날 며칠 밥이 먹히지 않고 공부도 안 되고 병아리 준 친구가 병아리 소식을 물어 올까 겁나고, 친구들과 고무줄놀이도 재미 없다. 아버지는 기계로 부화시킨 것이라 며칠 못 살고 죽은 것이라며 위로하지만 마음에 받은 상처가 컸다.

아버지는 어린 자식들의 마음의 상처가 마음 쓰이셨는지 암탉이 품어 낳았다며 다리를 절뚝거리는 깜장 병아리 한 마리를 가져오셨다. 이번에는 튼튼하게 키워야지.

파리채를 들고 파리를 잡아 깜장 병아리에게 주었다. 병아리는 파리를 '콕콕' 맛있게 잘도 쪼아 먹는다. 하루 종일 파리채를 들고 다니며 수십 마리 파리를 잡았고 깜장 병아리는 파리가 떨어진 곳으로 빠르게 뜀박질하여 잘도 주워 먹는다. 육식을 해서인지 무럭무럭 탈 없이 자랐다. 하늘 쳐다보며 물 먹는 모습도 예뻤지만 안고 다니기에 깜장 병아리는 너무 컸다. 날갯짓하며 제법 먼 거리를 훽훽 날기도 한다.

자전거에 모터를 달아 아버지가 타고 다니는 자전거오토바이 바퀴 밑에 계란이 떨어져 깨져 있다.

비싼 계란을 누가 사오지 않았을 것이고, 깜장 병아리는 암탉이다. 암탉은 몸속에 알 주머니가 있어 알을 만든다. 수탉과 교미를 하면 유정란이 되어 21일 암탉이 품어 주면 병아리가 되지만 수탉 없이 낳은 알은 무정란으로 21일을 품어 주어도 병아리가 나오지 않는다.

학교 갔다 돌아오니 닭이 없다. "구구 구구" 한참을 찾아도 보이지 않는다. 무심코 솥뚜껑을 열었는데 몸 전체가 까만 닭이 솥 안에…….

김장

밥상에 김치는 주가 되는 반찬이다. 배추 한 접은 100포기, 겨울이 되기 전 배추를 1접 또는 1접 반을 사서 김장을 담갔다. 배추 한 통의 반을 칼로 자르고 소금물에 절여 김장 담글 준비를 했다.

김장은 1년에 한 번 있는 집안의 중요한 행사였다. 모든 가족이 공동으로 다음 해 봄이 되기 전까지 먹을 식량을 준비했다. 김장을 먼저 담근 집의 소금물을 얻어와 배추를 절이기도 했다.

배추가 한 접 또는 접 반이나 되니 김치 속도 많이 준비해야 한다. 무칼로 무채 치고 마늘은 며칠 전부터 까서 준비를 했다. 마늘을 많이 깐 날은 손톱 끝이 아렸다. 동네 아주머니 몇 명씩 돌아가며 품앗이를 했다.

절구에 생강과 마늘을 넣고 찧어 집은 온통 마늘과 생강, 파 냄새가 진동을 했다. 채 쳐둔 무와 생강, 마늘, 파, 쑥갓들을 버무려 배추 속을 만들었다. 절인 배추 한 잎을 떼내고 김치 속을 넣어 말아 입에 넣으면 맛있었다. 너무 많이 먹어 속이 쓰리기도 해서 물도 많이 들이켰다.

그렇게 담근 김치는 장독대 항아리에 차곡차곡 넣어져 서서히 발효되어 갔다. 장독대 항아리 뚜껑은 눈 오면 눈이 곱게 쌓이고 녹으면 고드름 주렁주렁 매달았다. 김칫독은 겨울밤을 우리 곁에서 함께 잤다.

겨울 내내 김치는 매 끼니 식탁을 풍성하게 해주었다. 익은 김치로 김칫국 끓여 먹고, 김치빈대떡, 김치찌개, 김치만두, 콩비지에 돼지고기와 김장 김치를 넣고 끓인 콩비지찌개, 청국장에 김장김치 넣고 보글보글 끓이면 기막히게 맛있는 청국장찌개가 되었다. 손으로 쭉쭉 찢어 그냥 먹어도 맛있다.

아버지 드시는 김치는 맵게 만들었다. 김치포기 위로 생갈치를 몇 토막씩 얹고 김치포기를 또 얹었는데, 숙성된 아버지 김치는 매우면서 깊은 맛이 났다.

무에서 떼어낸 무청은 장독대에 잘 걸어 말려서 시래깃국을 끓여 먹었다. 겨우내 말린 시래기에 된장을 넣고 조물조물 무쳐 먹기도 했다. 시래기는 섬유질이 풍부하고 비타민이 많은 건강식이다.

이제는 먹거리 문화가 바뀌어 김치를 예전처럼 먹지 않는다. 그래도 직접 배추를 절이고 김치 속을 만들어서 김치소 싸먹고 된장찌개와 같이 온가족이 둘러앉아 저녁식사 하며 행복에 젖어 보는 것은 어떨는지! 겨울밤은 깊어만 가고…….

K엄마

K엄마는 무당이다. 어렸을 때 대청마루에서 떨어져 등을 크게 디쳤디고 하는데, 등이 굽이 키가 직은 곱추다. 항싱 단징한 모습에 화장을 뽀얗게 하고 손톱은 길게 길러 매니큐어를 진하게 바른 멋쟁이 곱추 무당이다. K는 엄마가 무당인지라 푸닥거리하고 남은 음식을 동네로 가지고 나와 먹었다. 커다란 복숭아를 들고 베어 먹는 것을 물끄러미 바라보면 입 안에 침이 고인다. 까만 약과를 잘라 먹는다, 빨강 노랑 색색의 물을 들인 커다란 사탕을 먹는다.

머리를 곱게 빗어 뒤로 땋아 묶고 잠자리 날개같이 하늘거리는 원피스를 입고 다녔다.

어머니는 K네 집으로 마실을 자주 갔다. 저녁을 먹고 뒷마무리를 하고 나면 K집에 마실 가려고 준비를 한다. 우리는 어머니 치마꼬리를 붙잡고 가지 말라 떼를 썼다. 어머니는 K를 보낼 테니 같이 놀라 하며 마실을 갔다. 하얀 얼굴에 비쩍 마른 새침떼기 K가 경찰보다, 국군보다 든든했다.

도둑이나 강도가 나타나면 아무 힘도 없이 무너져 내릴 K가 왜 그렇게도 커 보이며 든든했는지…….

불안해 심장이 간에 붙었다 쓸개에 붙었다 하던 것이 K가 집 안으로 들어서면 심장이 제자리를 찾고 안정이 되었다.

어머니는 K엄마와 시간을 보내며 아이들 키우면서 받는 스트레스를 풀었고 우리는 K와 어울려 옛날이야기, 날짜 지난 벽걸이 일력으로 종이접기 놀이를 하며 지냈다. 무당집에서 얻어온 떡이며 과일을 먹는 즐거움도 있었다.

K에게 우리 집까지 오는 골목길이 무섭지 않느냐 물어 보면 무섭지 않다 하는데, 나는 밤이 되면 어두운 골목이 무척이나 무서웠다.

친구들에게 골목이 무섭지 않느냐 물으면 친구들도 무서워 땅만 보고 걷는다 했다. 어떤 친구는 돌멩이 두 개를 부딪치고 가면 불꽃이 나는데 그러면 무섭지 않다고 했다. 모든 방법을 다 써 보았지만 역시나 어두운 골목길은 무섭다.

골목길로 접어들기 전에 심호흡을 하고 “엄마~” 큰 소리로 엄마를 부르며 골목길을 냅다 달려 집으로 들어오곤 했다.

미술 수업시간

다음 날 수업 준비물은 크레파스, 도화지, 색종이, 가위, 풀이다. 이제 조금 있으면 겨울방학이고 곧 크리스마스라 미술 수업 카드 만들기 준비물이다.

주황색 플라스틱 손잡이 달린 양은가위, 그것은 형제 많은 우리 집에 굴러다니는 학용품이다. 풀은 종이 장수 아버지의 벽지용 풀을 조그만 용기에 덜어서 가져가면 된다. 도화지가 없으면 벽지 견본품 몇 장 찢어 가면 되고, 색종이와 크레파스가 문제다. "엄마, 크레파스 필요해, 색종이도 필요하고." 하면 어머니는 준비물 구해 온다며 슬그머니 밖으로 나갔고, 설마 하는 마음과 기대하는 마음 반반으로 어머니를 기다렸다.

얼마 후 돌아오신 어머니는 "옆집 옥이가 쓰던 크레용인데 얻어 왔다, 옛다."며 옥이가 쓰던 구겨지고 잘려나간 색종이 몇 장과 조각난 크레파스를 잔뜩 싼 누런 봉투를 내밀며 학교 가서 써라 하였다. 그것을 미술시간에 꺼내 놓고 쓸 일을 생각하니 마음이 답답하고 친구들 보기 부끄러워 새것을 사 달라고 떼쓰고 울었지만 어머니는 새것으로 그려야 그림이 잘 그려지고 쫙 펴진 색종이로 만들어야 더 잘 만드느냐고 야단을 쳤다. 급기야 고무호스를 빼들고 때리려 하였다. 아무리 떼를 쓰고 울어야 사 줄 리 없다는 것을 잘 알기에 크레파스 조각과 구겨지고 잘려진 몇 장의 색종이를 가지고 학교에 갔다.

미술시간 맨 앞에 앉은 나는 책상 위에 준비물을 꺼내 놓을 용기가 나지 않았다. 친구들의 준비물을 탐색해 보았다. 새 상자곽에 가지런히 놓여진 깨끗한 크레파스가 책상 위에 얹혀 있고 밀가루보다 하얀 도화지, 무지개보다 예쁜 색깔의 반듯한 색종이, 손잡이가 흔들거려 가위질이 잘 되지 않는 내 가위는 친구들 가위에 비교가 안 되고…….

책상 속에 넣어 놓고 꺼내 쓰는 크레파스, 다행히 짝꿍은 심성이 착해 그가 가위를 쓰지 않을 때 내가 쓸 수 있었다. 벽지를 직사각형으로 잘라 그림을 그리고 색종이를 오려 손가락으로 풀을 찍어 벽지에 장식한 내 카드는 친구들 것에 비해 초라하고 볼품없다고 느꼈는데, 내 카드를 들고 선생님이 "야, 벽지에 색종이를 붙여 카드를 만드니 훌륭한데, 벽지가 바탕색이 되어 카드 그림을 살려주는데……." 하셨다.

책상 속에서 조각 크레파스를 꺼내 쓰는 내 소심한 행동, 친구들에게 기죽지 말라고 자신감을 주려고 하였을 것이다. 친구들은 "나도, 나도" 하며 하얀 도화지 반장씩을 또는 고운 색깔의 색종이를 가져와 벽지와 바꾸어 달라고 부탁했고, 나는 자랑스럽게 친구들의 도화지와 색종이를 받으며 벽지와 바꾸어 주었다. 주눅 들고 부끄러워하는 나를 자신있고 자랑스럽게 선생님의 말 한마디가 상황을 바꾸어 주었고 미술 준비물이 완벽해졌다. 자신있게 크레파스 조각들을 싼 봉지를 책상 위에 꺼내어 놓을 수 있는 용기도 생겼다.

또다시 선생님은 "이렇게 부러진 조각 크레파스도 아껴 쓰는 알뜰한 어린이네." 칭찬 한 마디로 친구들의 동정 어린 눈빛을 동경으로 바꾸어 놓았다.

봉지에 싸인 조각 크레파스가 하나도 부끄럽지 않았고 매번 미술시간에 자랑스럽게 조각 크레파스를 책상 위에 꺼내 놓을 수 있었다. 놀리는 친구들은 없었다.

소심해 마음 다치고 주눅들 수 있는 여린 마음을 격려와 애정으로 큰 마음의 아이로 자랄 수 있게 해준 선생님, 한없이 감사하다.

다음 학년 미술 공작 시간, 선생님은 카드 재료가 담긴 준비물 값으로 20원을 내라 하셨다. 20원의 준비물 값은 너무 큰 부담으로 어머니께 달라는 말조차 하지 못했다. 미술 수업 시간이 되었다. 네댓 명의 학생이 준비물 없이 미술 시간을 맞이하였다. 선생님은 준비물 없이 책상에 우두커니 앉아 있는 학생들에게 책상 사이 사이를 돌아다니며 떨어진 색종이 조각이나 휴지 조각을 주워 쓰레기통에 넣으라 하셨다. 준비물이 없는 나는 책상 줄 사이사이를 돌아다니며 떨어진 공작 조각들을 주웠다.

조각들을 주우면서 공작 시간이 길게 느껴지고 청소하는 자신이 초라하게 느껴졌다. 준비물을 사주지 못하는 어머니가 원망되고 미웠다. 온통 마음이 슬프고 억울하고 원망으로 뒤범벅되었다.

용기가 난 것인지 오기가 생긴 것인지 친구들이 떨어뜨린 조각들을 주워 모아 만들기를 했다. 조각으로 만든 것이지만 멋지게 만든 내 작품을 보고 친구들이 놀라며 저거 내가 떨어뜨린 건데 달라고, 저건 내가 버린 건데, 또 한 번 마음의 상처를 받았다. 완성작품을 검사해 주지 않는 선생님이 야속해 눈물도 났다.

만약 내가 커서 선생님이 된다면 준비물을 마련할 수 없는 아이들 마음 헤아려주고 안아주는 선생님 되어야지! 이해하고 배려하는 것은 뛰어난 품성과 자제력을 갖춘 선생님만이 할 수 있는 일이니까. 진심으로 인정해 주고 아낌없이 칭찬해 주면 여린 아이는 가슴속 깊이 소중히 선생님의 말씀과 행동을 간직하며 꿈을 키울 것이고 말씀이 거름 되어 큰나무로 자랄 것이다.

선생님은 자신이 한 말과 행동을 잊어버리지만 아이는 오랫동안 선생님을 기억할 것이다.

아름다운 오해

뽀삐는 새집으로 이사하고 아버지가 얻어온 강아지다. 아주 오랜 옛날 마음 아프게 헤어졌던 예쁜 개 뽀삐 이름을 붙여 얻어온 강아지를 '뽀삐' 라 불렀다. 강아지 뽀삐는 발발거리며 잘 달려 다녔다. 제법 재롱도 떨고 예쁜 짓을 하지만 예전의 뽀삐만큼 정이 가지는 않았다.

이사한 새집은 화장실을 타일로 붙여 깨끗했고 대문 옆에 위치해 있었다. 방이 6개 있는 아담한 양옥으로 방 3개는 따로 세를 놓았고 방 3개는 우리 가족이 썼다. 뽀삐는 목에 줄을 묶어 창고 옆에 두거나 줄을 풀어 마음껏 돌아다니게 하였다. 화장실에서 입으로 "쪽쪽쪽" 거리며 뽀삐를 불렀다. 뽀삐는 제 부르는 소리에 힘껏 화장실로 달려왔다. 뽀삐가 화장실까지 다 달려오면 화장실 문을 닫아 버렸다. 그러기를 여러 번, 뽀삐를 골탕먹였다. 아마 똥개 뽀삐는 화장실에서 흘러나오는 구수한 X냄새가 좋았고 화장실 안이 궁금했었나 보다.

어느 날 학교 갔다 돌아오니 문간방 여자와 동네사람들이 모여 웅성거리며 나를 맞이하며, "멍멍이가 죽었다"라고 소식을 전했다.

나는 막내 남동생 범진이가 죽었다로 잘못 알아들었다. 가슴에서 천둥소리가 나고 눈앞이 캄캄해지며 귀에서 윙~ 소리가 들리고 다리가 후들거렸다. 새파래진 나를 동네 사람들이 부축하며 어떻게 하느냐고 위로하였다. 나는 사람들의 위로가 들리지 않

았고 죽은 남동생 범진이를 안고 슬퍼할 어머니와 아버지가 떠오르고 범진이에게 잘해주지 못한 순간 순간이 떠올라 슬픔을 억제할 수 없었다. 너무 황당해서 눈물도 나지 않았다. 문간방 여자와 동네사람들의 두런거리는 소리가 아련하게 멀리서 들려오는 소리 같았다. 그들이 멍멍이 죽은 것을 너무 비통해하며 주저앉아 버린 내 감성을 칭찬하며 주고받는 이야기를 듣고 귀를 의심했다. "어?" 범진이가 아니라 멍멍이?

그러면 내 동생이 죽은 것이 아니고 뽀삐가 죽은 것…….

풀렸던 다리에 힘이 생겼다. 단정한 까만 투피스의 교복을 입고 속절 없이 주저앉아 있던 나는 벌떡 일어났다. 그들은 멍멍이가 화장실에 빠져 죽었으며 지나가던 고물장수 아지씨가 화장실

에 빠져 온몸에 똥이 묻은 뽀삐를 달라 하여 가져갔다는 소식을 전했다.

뽀삐를 부르고, 뽀삐가 달려오면 화장실 문을 닫아 버렸던 나, 뽀삐는 화장실 안이 궁금했었나 보다. 목에 줄이 묶여 있던 뽀삐가 열려있는 화장실에 들어가 구멍 뚫린 화장실 구멍에 코를 대고 킁킁대다 타일 바닥에 발이 미끄러져 화장실 구멍에 빠졌고, 목줄이 당겨지며 숨이 끊어진 것이다. 화장실 문을 연 문간방 여자가 목이 졸려 죽은 뽀삐를 발견했다.

범진이 죽은 것이 멍멍이가 죽은 것으로 바뀌는 순간 천둥번개로 요동치던 마음이 잔잔하게 평안을 찾고 귀에서 들리던 이명소리도 잦아들며 후들거리던 다리에 힘이 들어갔다. 뽀삐를 사랑하지 않았던 것은 아닌데 이상하게도 그 순간 뽀삐의 생김새나 추억이 머릿속에서 하얗게 지워지며 생각나지 않았다.

뽀삐 미안~. 처음에 멍멍이가 죽은 것으로 알았다면 나는 고물장수 아저씨를 쫓아가 뽀삐를 찾아왔을 것이고 양지 바른 곳에 묻어주고 나무 십자가라도 세워 주었을 것이다.

조퇴

어머니는 엄하게 체벌을 하셨다. 수돗물을 소리 나지 않게 받는 호스를 빼어 들고 때리셨다. 호스를 휘두를 땐 공기의 진동으로 윙 윙 소리가 났다.

동생들 돌보지 않는다고, 감자 껍질 벗기지 않는다고, 청소하지 않는다고 때렸다. 그날은 엄청 많이 맞았다. 저녁에 잠을 자려고 누웠는데 온몸이 덜덜 떨렸고 한기가 들었다. 이불을 들썩이며 덜덜 떨자 어머니가 나를 들쳐업고 한의원으로 가셨다.

전기세 많이 나온다며 매일 일찍 잠자리에 들었던 나는 어머니 등에 업혀 늦은 밤거리를 구경했다. 어둠 속에 고요할 것이라고 믿었던 집 밖의 세상이었는데 네온사인과 자동차 불빛, 오가는

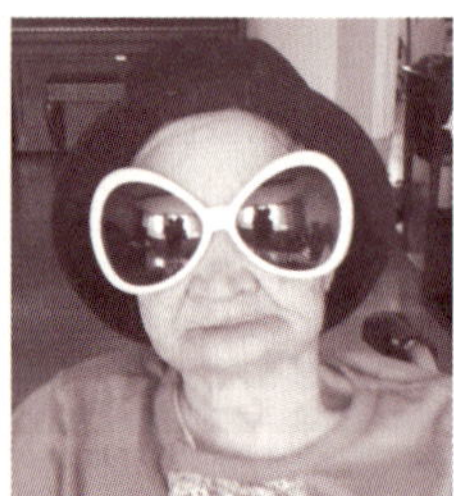

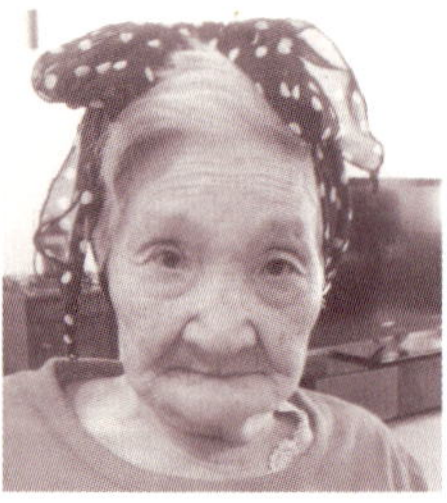

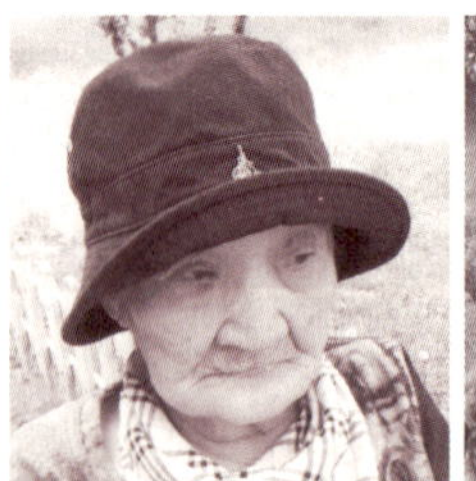

많은 사람들로 낮같이 환한 별천지였다 나는 내가 잠자리에 들면 세상 모두가 어둠에 잠기는 줄 알았다.

어머니는 창신동에 있는 동진한의원 문을 두드렸다. 한참 만에 문이 열렸다. 소아마비를 앓았던 원장님이 직접 침을 놓아 주었고 집으로 돌아와 편안히 잠이 들었다.

다음 날 아침 밥이 먹히지 않았지만 학교를 결석하면 안 된다는 어머니의 신념에 학교를 갔다. 책상에 엎드려 힘없이 앉아 있었다. 선생님은 아프면 집에 가라고 하였지만 나는 엎드려 자리를 지켰다.

선생님은 고집으로 버티는 나에게 오전 수업이 끝났으니 집으로 돌아가라 하셨다. 청소 걱정하는 나에게 대청소 날이니 걱정하지 말아라 설득하셔서 집으로 돌아왔다.

어머니는 귀한 딸기를 사 주셨다. 입맛이 없었지만 눈앞에 있는 딸기를 많이 먹었다. '부자는 먹을 때가 먹을 시간이고, 가난한 자는 있을 때가 먹을 시간이다' 하는 말이 틀리지 않았다.

먹고 싶어도 비싼 딸기라 먹겠다는 생각조차 해 본 적 없었는데 눈앞의 '귀한 딸기' 를 맛도 잘 느끼지 못하면서 먹고 잠이 들었다.

속이 메스꺼워 일어나려는데 울컥 뱃속에서 치받쳐 올라오는 토삿물을 입과 코로 쏟아내며 숨이 멎을 것 같은 고통을 느꼈다. 베개며 이불을 구토한 오물로 더럽혀 야단맞을까, 매를 맞을까 걱정했다. 어머니는 걱정 섞인 부드러운 음성으로 많이 아프냐며 걸레로 오물을 닦아 내고 이불도 갈아주며 걱정해 주셨다. 다시 자리에 누워 시계를 보며 마지막 수업 시간 내 자리를 그려 보면서 잠이 들었다. 그렇게 무서웠던 선생님도, 어머니도 아프니 천사가 되어 있었다.

내 친구 미순이

미순이는 같은 반 친구였다. 나는 우리 반에서 키가 제일 작고 미순이는 우리 반에서 키가 제일 컸다. 미순이는 같은 반이고 같은 동네 앞 뒷집에 살았다.

미순이는 언니 4명에 오빠 2명 엄마, 모두 8식구다. 언니가 미군부대 다닌다며 색깔 있는 사탕이나 처음 본 과자를 자랑하며 먹었다. 가끔은 먹는 것을 나누어 주어 미제 간식을 먹어 보았다.

플라스틱으로 만든 쟈크가 처음 나왔을 때 미제라며 쟈크를 열었다 올렸다 하며 자랑하였다. 똑딱 단추를 주로 사용하고, 동그란 플라스틱 단추를 사용하고 있었기에 신기하게 플라스틱 쟈크를 구경했다.

미순이는 큰 키에 언니 오빠 백그라운드가 막강하여 같은 동네 여자 친구들의 대빵이었다. 그런 미순이지만 나에게 절절맸고 내가 하는 말은 모두 옳다며 내 편을 들었다. 미순이가 있어 학교생활도, 동네에서 편을 갈라 놀이 할 때도 나는 모든 것이 편했다.

우리들의 일그러진 영웅의 엄석대 보호를 받는 한병태 같은 존재이면서도 미순이에게 항상 당당했다. 미순이는 노는 것, 쉬는 것을 좋아하고 처음 보는 신기한 물건들을 가져와 감탄으로 친구들의 입을 벌려 놓는 것을 좋아했다.

그런 미순이, 구구단 외워 오는 숙제를 매번 해오지 못하고 수업시간 산만한 것에 화가 난 선생님은 미순이를 교탁 앞으로 불러냈다. 두 팔을 머리 위로 올리게 하고 벌을 세웠다. 무서운 선생님의 호령에 팔이 아파도 내리지 못하고 오줌 마렵다는 이야

기도 못했다. 급기야 벌 서면서 오줌까지 쌌다.

3분단 맨 앞에 앉은 나는 미순이가 줄줄 싸는 오줌을 보았지만 외면해 버렸다. 어디서 그런 용기가 나왔는지 원래 미순이 벌 서기 전에 선생님 마시는 보리차물이 쏟아져 있었다며 미순이를 옹호했다. "미순이는 벌 서다 오줌 쌌대요, 오줌 쌌대요." 하며 놀리던 친구들이 오줌을 보리차라고 참말처럼 하는 나의 말에 친구들의 놀림은 잦아들었다. 그런 나를 미순이는 두려워했다.

나는 미순이의 약점을 잡고 미순이가 나를 두려운 존재로 만들 생각은 없었다. 그냥 막연히 미순이를 보호해 주어야 한다고 생각해서 거짓말을 했다.

벌섰고 그것도 오줌까지 쌌다는 수치심에 학교 생활 힘들 것을 내가 막아주고 보호해 주었으니 미순이에게 나는 구세주요 신 같은 존재였을 것이다. 신체충실지수 B-의 건강상태에, 조그마한 키, 친구들보다 한 살 어린 나이…….

예전엔 왕따라는 단어가 만들어지지 않았을 뿐이지 그때도 친구들 사이에 왕따가 있었다. 그러나 한반 친구들 수가 많다 보니 이 친구들과 못 어울리면 다른 친구들을 찾아 사귀면 되고 또 다른 친구들을 찾으면 되기 때문에 지금처럼 외롭고 괴롭고 힘들지 않았을 뿐이다.

나는 같은 동네 같은 학년의 드악스런 여자 친구들에게 밀렸다. 그런 친구들은 또 미순이에게 밀렸지만 나는 미순이가 편했고 미순이가 내 백그라운드라는 것을 인지한 친구들은 나를 함부로 하지 못했다.

흥분해서 말할 땐 검은색 눈동자가 조금밖에 보이지 않고 머리를 하나로 길게 땋은 예쁘장한 미순이, 귀뚜라미 우는 이 가을 미순이가 보고 싶다. 미순아, 너도 귀뚜라미 소리 들으며 날 기억하니?

손재봉틀

'달달달달' 어머니는 손잡이가 달린 재봉틀의 손잡이를 돌리며 옷을 꿰맸다. 앉은뱅이 손재봉틀은 우리 집 재산목록 1호였다. 재봉틀을 돌리면 뚫렸던 옷의 구멍이 막혔고 덧대어 꿰맨 옷은 색다른 멋을 살려주었으며 낡은 아버지 옷은 우리의 새옷으로 변신했다.

하루는 어머니 마실 가고, 집에 있던 식구들 모두 밖에 나가 정신없이 놀았다. 저녁에 집에 들어오니 손재봉틀이 없어진 것이다. 어머니는 경찰서에 신고한다며 흥분을 하였다. 우리들은 도둑이 집에 들어왔었다는 사실에 겁나고 무서워 하얗게 질려 버렸다.

단 한 사람, 아버지만 여유가 있었다. "없어진 것에 미련을 둔다고 없어졌던 물건이 되돌아오지 않을 것이다. 마음만 아프니 잊어버려라." 낮은 목소리로 식구들을 위로했다. 아버지의 넓은 도량에 가슴이 따뜻해지고 눈물이 나왔다. 아버지하면 그냥 무서웠다. 어머니는 밥을 할 때 밥 한켠에 보리쌀 삶은 것을 넣고 밥을 하였고, 아버지 밥은 보리쌀을 조금만 섞어 밥을 펴 아랫목 이불 밑에 밥이 식을까 봐 묻어 두고 나머지 밥을 모두 섞어 밥을 펐다. 생선을 구우면 제일 도톰한 도막은 아버지 상에 올렸다. 항상 아버지는 독상을 받았다.

어머니는 아버지를 특별대우를 했고 우리는 아버지를 특별한

분으로 막연히 무서워했다.

아버지는 새벽에 일을 나가 우리가 모두 잠든 늦은 밤에 들어왔다. 겨울 긴긴 밤 된장국과 김치에 일찍 먹은 저녁은 늦은 밤 아버지 귀가 때 눈이 떠지곤 했다. 아버지 식사하는 모습을 물끄러미 바라보면 아버지는 손바닥을 펴라 하며 밥 한 술을 떠서 손바닥 위에 놓아 주고 그 위에 된장국을 떠 올려 주며 먹으라 하였다. 그렇게 아버지 사랑과 함께 먹은 된장국 밥 한 술은 맛있었다. 밥 한 술로 배가 채워지지 않았지만 아버지의 사랑으로 가슴이 채워졌다. 지금은 이 세상에 계시지 않는 아버지! 손바닥에 한 술 떠 올려주는 된장국 밥이 사무치게 먹고 싶다.

가끔 아버지는 김이 모락모락 나는 찐빵을 사와 잠 자는 우리를 깨웠다. 깊은 잠에 빠진 우리는 졸린 눈을 비비고 일어나 따끈한 하얀 찐빵을 맛도 잘 느끼지 못하면서 먹었다. 다음 날 아침 아껴 두었다 먹을 걸 후회도 많이 했다. 아버지에게 나중에 먹겠다 하면 다음에 다시 사줄 테니 먹으라 재촉하였다. 여러 자식들 하얀 찐빵 먹는 모습 행복하게 지켜보았던 아버지, 아버지 사랑합니다.

며칠 뒤 다시 방 안에 자리 잡은 앉은뱅이 손재봉틀 범인은 개구쟁이 아버지…….

가족의 사랑이란 말이 필요치 않다. 표현하지 않아도 언제나 마음속 깊이 자리하고 있는 것, 항상 나와 함께하는 것. 멀리 떠나 지쳤을 때 가족에게 전화를 하면 막상 할 말이 없지만 마음이 채워지고 다시 힘든 여정을 헤쳐 나갈 힘을 얻는다.

고향은 낙원이며, 지나가 버린 어린 시절은 언제나 행복이다. 비록 그것이 힘들고 어려웠더라도.

구멍가게

지금은 좀처럼 보기 힘든 누런 일원짜리 동전 한 개를 가지고 구멍가게에 갔다.

커다란 종이판에 번호가 차례대로 새겨져 있고, 각양각색의 풍선이 순서대로 씌어진 번호 밑에 끼워져 있고, 종이판 밑에 동그란 모양의 숫자가 씌어져 있다. 종이를 떼내 번호가 씌어진 풍선을 뽑아 가는 풍선 뽑기가 제일 먼저 눈을 자극했다. 풍선을 살까 말까 갈등했다.

마음은 풍선에 두고 눈은 가게 안 좌판에 진열되어 있는 것을 더듬는다. 가느다란 비닐에 분홍색, 노란색의 투명한 젤리, 커다란 눈깔사탕, 쫀드기, 풍선껌, 바가지과자 등을 더듬다 투명한 비닐 속에 깨 넣은 것을 집어들고 일원 동전을 내고 가게를 나왔다.

집으로 돌아와 조그만 구멍을 내고 깨를 꺼내어 먹었다. 고소하고 짭짤하니 맛있었다. 언니도, 동생도 달라 하여 조금씩 손바닥에 떨어뜨려 주었더니 맛있다며, 어디서 샀느냐 묻는다. 우물가에 있는 구멍가게에서 샀다고 하였다. 꽤 오랜 시간 깨소금을 맛있게 먹었다.

동생이 우물가 구멍가게에서 깨소금을 사려 하니 오 원이라고 했단다. 나는 일 원 주고 샀는데 무슨 말이냐며 큰 동네 구멍가게에 가서 눈으로 물건들을 더듬어 찾다 깨소금을 발견하고 얼마냐고 물었다. 오 원이라는 주인의 말에 가슴이 쿵했다. 그러면 우물가 구멍가게 아저씨에게 사 원을 더 주어야 하는데 나는 돈이 없고 깨소금도 뱃속에 들어가 없다. 이렇게 황당하고 난처한 일이…….

오원짜리를 일 원에 가져왔다는 죄책감에 가게 앞을 지나 다닐 수 없었고 우물 가서 놀자는 친구 말에 먼저 가 있으라 하고 구멍가게가 없는 길을 돌아서 우물로 갔다. 집으로 돌아올 때도 친구들을 뿌리치고 먼 길을 돌아서 왔다.

우물에서 물장난하고 종이배 시합을 하며 신나게 놀았는데 그 일이 있고 나서부터 우물에 가는 것이 겁났다. 우물가 구멍가게 아저씨가 사 원을 더 내놓으라며 나를 다그칠 것 같아 다시는 우물가 구멍가게에 가질 못했고, 사 원을 모아 아저씨에게 주어야 한다는 마음의 빚이 가슴을 짓눌렀다.

1960년대 말 종로구 숭인동 81번지 궁 안 우물가에서 구멍가게를 한 아저씨를 만날 수 있다면 이자에 이자를 붙여 꼭 갚고 싶다. '4원' 이제 2013년 2월, 40여 년의 세월이 지났는데 얼마를 갚아야 가끔씩 생각나는 마음의 빚을 갚을 수 있을지…….

꼭 아저씨를 찾아 수십 배, 수백 배라도 갚고 마음의 빚을 덜 수 있었으면 좋겠다.

청자네 집 나팔꽃

청자네 집은 개천 옆에 붙어있는 노란 대문 집이었다. 빨랫줄에 빨래를 널어 놓으면 빨래를 걷어가는 도둑도 있고 담장을 넘어 들어가는 도둑도 있어 시멘트 담벼락 맨 꼭대기는 병을 깨어 조각낸 것을 듬성듬성 꽂아 놓아 도둑의 출입을 막았다. 청자네는 담장 위에 철사로 만든 가시덩쿨을 감아 올려 놓았다. 해마다 여름이면 나팔꽃이 가시덩쿨을 감고 예쁘게 피어 아침 청자네 담은 붉은색과 푸른색의 활짝 핀 나팔꽃이 아름다웠다.

나팔꽃은 아침 일찍 피었다가 잎을 오므려 버리기 때문에 아침 일찍이 아니면 활짝 핀 나팔꽃을 볼 수 없었다.

아이들은 활짝 핀 나팔꽃을 따려고 까치발을 들어 보고, 깡충

깡충 손을 뻗어 뛰어 보고, 신고 있던 신을 던져 나팔꽃을 따려 했다. 그도 저도 안 되면 서로 무동을 타고 올라가 꺾으려 했다. 아이들 손이 넝쿨을 올라와 꽃 따는 것을 대청마루에서 본 청자 엄마는 뛰어나와 꽃 따는 아이들에게 설교를 하였다. "친구끼리 싸우며 때릴 때 찰싹 하며 나는 소리는 아파서 나는 소리이고, 종이를 찢을 때 찍 하고 나는 소리는 종이가 아프다 내는 소리이고, 꽃을 꺾을 때 뚝 소리를 내는 것은 꽃이 아프다 비명을 지르는 것이다. 꽃을 꺾을 때 내는 소리를 귀로 듣지 말고 마음으로 들어

라. 꽃이 얼마나 아프겠니? 눈으로만 보지 꺾지 말아라." 하였다. 하지만 고 예쁜 보랏빛 나팔꽃을 가지고 싶었다.

친구 등을 타고 올라가 예쁘게 활짝 핀 보랏빛 나팔꽃 한 송이를 똑 땄다. 밖으로 뛰어나온 청자 엄마에게 한참 설교를 들었지만 내 손에 쥐어진 나팔꽃으로 인해 행복한 마음이 야단맞는 서운한 마음을 이겨서인지 슬프거나 노엽지 않았다.

시간이 지나자 손아귀에 있던 싱싱하던 나팔꽃은 빛을 잃어가고 새들새들 힘없이 처진다. 청자 엄마 말이 맞다, 눈으로만 볼 것을…….

이른 아침이 지나자 활짝 핀 나팔꽃이 오무라들고 꽃 몇 개가 뚝뚝 떨어진다. 친구 등을 타고 어렵게 딴 보랏빛 나팔꽃이지만 시들어 오무라든 꽃은 더 이상 나에게 예쁘지 않아 슬그머니 발

밑으로 떨구어 버렸다.

꽃이 아름다운 것은 자기의 아름다움을 자랑하지 않는 것이며, 아름답게 피었다 지는 것을 슬퍼하지 않기 때문이다.

아름답게 피는 꽃 예쁘다 눈으로 말해주고, 자라며 시드는 것 눈으로 지켜보며, 꽃이 내는 작은 소리 마음의 귀로 들어 보아야지. Morning Glory(아침의 영광) 꽃말은 기쁜 소식

김미유

미유! 아버지는 내 친구 미유를 '매구' 라 불렀다.

어린것이 매구처럼 뭐든 잘하고, 이지에 밝아 절대로 손해보는 일이 없는 아이라 그런 별명이 붙었나 보다.

초등학교 4학년인 미유는 남동생과 둘이 어머니 아버지와 떨어져 생활했다.

연탄불도 갈고 밥도 해먹고, 설거지, 빨래, 동생 돌보는 것 그 모든 것을 미유는 척척 해냈다. 소풍 가는 날 김밥을 싸 달라고 같은 집에 세들어 사는 할머니에게 부탁한 뒤 고맙다는 인사는 하지 않고, 밥이 많이 없어졌다며 할머니를 의심하며 툴툴댔다.

양보라고는 모르고 고집 세고 힘 세고 타협이라고는 조금도 하지 않는 안하무인인 경상도 가시내, 우리 반으로 전학 온 미유, 앞집에 살지만 왠지 친해지지가 않았다. 반 친구들은 검지손가락을 구부리며 성격이 꼬인 이상한 아이라 숙덕댔지만 미유는 아랑곳하지 않고 제 하고 싶은 대로 했다.

월말고사 시험을 보면 앞 뒤 시험지를 바꾸어 친구들이 채점을 했는데, 3번이 정답일 경우 2번으로 쓴 자기 시험지를 3자로 썼다고 잘 보라며 채점한 친구를 하루 종일 쫓아다니며 큰소리를 지르며 득달했고, 선생님께 끝까지 자기가 옳다고 우겨 선생님도 지치게 만들었다.

친구들은 미유를 슬슬 피했다. 미유와 앞 뒤로 앉은 친구는 미유가 우기는 대로 동그라미표를 해야만 했다. 한 학기가 끝나고 여름방학이 되면서 선생님은 성적표 가정통신란에 언니같이 궂은 일 잘하

고 마음이 넓어서 친구들이 유난히 좋아하여 잘 어울리며, 선생님을 많이 도와주는 착한 어린이라고 써주셨다.

미유는 만나는 사람마다 성적표를 보여 주며 선생님이 평가해 준 좋은 사람이 자기라 떠들고 다녔다. 가정통신란의 칭찬 글은 안하무인인 미유를 목화솜보다 부드러운 친구로 변화시켰다.

선생님은 미유의 변할 수 있는 가능성을 본 것일까?

살갑게 대하는 미유에게 다가가는 것이 싫지 않았다. 힘들고 외로운 미유가 이해되며 하루 종일 짹짹짹, 하하 붙어 다녔다.

바쁜 일상에 지금은 소원해졌지만 미유와 함께 보낸 아름다운 추억은 가슴속 깊이 남아 가끔씩 미소 짓게 한다. 어린 시절 미유와 보낸 시간들은 한 조각 추억이 아니라 내 마음의 고향이다.

날 위해 아파하고 고민해 주는 친구, 내가 힘들거나 지칠 때 말없이 다가와 그저 손 꼭 잡아 주던 친구, 지금 내 가슴속에 있다.

그때를 아십니까

그립습니다

초판 인쇄 | 2013년 4월 5일
추판 발행 | 2013년 4월 10일

글 쓴 이 | 권명순
펴 낸 이 | 장호병

펴 낸 곳 | **북랜드**
135-936 서울 강남구 역삼동 832-7 황화빌딩 1108호
대표전화 | (02) 732-45741 (053) 252-9114
등 록 일 | 1999년 11월 11일
등록번호 | 제 13-615호
홈페이지 | www.bookland.co.kr

주 간 | 곽홍렬
편 집 | 김인옥
영 업 | 최성진

ISBN 978-89-7787-579-1 03810

값 11,000원